Karl-Wilhelm Weeber

Latin reloaded

Karl-Wilhelm Weeber

Latin reloaded

Von wegen Denglisch – alles nur Latein!

Die Deutsche Bibliothek verzeichnet diese Publikation in der Deutschen Nationalbibliografie; detaillierte bibliografische Daten sind im Internet über http://dnb.d-nb.de abrufbar.

Die Herausgabe des Werkes wurde durch die Vereinsmitglieder der WBG ermöglicht.
Gedruckt auf säurefreiem und alterungsbeständigem Papier
Einbandgestaltung: Christian Hahn, Frankfurt a. M.
Einbandabbildung: Gaius Julius Caesar. Statue aus trajanischer Zeit (Anfang 2. Jh. n. Chr.); © akg/Bildarchiv Steffens
Layout & Satz: mm design, Mario Moths, Marl
Printed in Germany
www.primusverlag.de
ISBN 978-3-89678-751-4

Lizenzausgabe für die WBG (Wissenschaftliche Buchgesellschaft), Darmstadt
Einbandgestaltung der WBG-Lizenzausgabe: Peter Lohse, Heppenheim
Einbandabbildung der WBG-Lizenzausgabe: Cäsar-Satute in der Nähe einer Ampel
Foto: © KOLLEKTION Spirit/Corbis
www.wbg-wissenverbindet.de
ISBN 978-3-534-24267-2

Elektronisch sind folgende Ausgaben erhältlich:
eBook (PDF): ISBN 978-3-86312-772-5
eBook (epub): ISBN 978-3-86312-773-2
eBook (PDF): ISBN 978-3-534-72787-2 (für Mitglieder der WBG)
eBook (epub): ISBN 978-3-534-72788-9 (für Mitglieder der WBG)

INHALT

Jil Sanders Giving-Story für Latein – *Starting Point für unseren Denglatein-Approach*

Jahre-, ach was, jahrzehntelang haben wir *Latin lovers* (Latinus, «lateinisch») dem Treiben der Denglisch-*community* (communitas, «Gemeinschaft») tatenlos zugesehen, haben die Hochstapelei mit dem uns eigenen *spirit* (spiritus, «Geist») von Zurückhaltung, ja Demut ertragen, diesen *stylishen mix* (stilus, «Stil»; miscere, «mischen») aus Blödsprech und Imponiervokabeln hingenommen, ohne der Denglisch-*lobby* (lobia, ml, «Klostergang», «Halle») das sprachliche *copyright* (copia, «Fülle») für ihr *nonsense*-Geschwätz (non, «nicht»; sensus, «Sinn») streitig zu machen. Natürlich haben wir das alles nicht ohne *emotions* (emotio, «Gefühl») verfolgt, natürlich waren wir nicht gerade *amused* (mussari, «brummen»).

Aber jetzt, auf dem Höhepunkt des Denglisch-*booms*, ist Schluss. Jetzt kriegt der *boom*, was er sprachlich verdient: Wir lassen die Bombe platzen (*boom* und «Bombe» gehen beide auf bombus, gLw, zurück, «dumpfes Geräusch»). Die Pansch-*party* (pars, «Teil») ist zu Ende. Von wegen Denglisch! Künftig wird nur noch von Denglatein gesprochen. Denn die Hälfte aller denglischen Vokabeln, na gut, sagen wir ein Drittel, sind Kinder von Mutter Latein, der regina linguarum («Königin der Sprachen»).

Das ist mal ein ganz neuer *approach* in der Denglisch-*discussion* (appropiare/appropinquare, «sich nähern»; discutere, «erschüttern»). Wir verdanken ihn der Mode- und Sprachschöpferin Jil Sander. Sie hat uns mit einem legendären Denglisch-*statement* (statuere, «festsetzen») die Augen geöffnet:

«Mein Leben ist eine *giving-story*. Ich habe verstanden, dass man *contemporary* sein muss, das *future*-Denken haben muss (...). Und für den Erfolg war mein *coordinated concept* entscheidend, die Idee, dass man viele Teile einer *collection* miteinander *combinen* kann. Aber die *audience* hat das alles von Anfang an auch *supported*. Der problembewusste Mensch von heute kann die Sachen, die *refined* Qualitäten mit *spirit* eben auch *appreciaten*. Allerdings geht unser *voice* auch auf bestimmte Zielgruppen. Wer *Ladyisches* haben will, *searcht* eben nicht bei Jil Sander. Man muss Sinn haben für das *effortless*, das *magic* meines Stils.» (Kursivierung durch K.-W. W.)

Nonstop Nonsense – Copyright bei Frau Dr. ling. mix. Sander

Sie finden den Text kreuzdämlich? Wir auch – und sprechen Jil Sander unsere *congratulations* (congratulari, «beglückwünschen») dafür aus, dass der Verein Deutsche Sprache e.V. ihr dafür den Sprachpanscher-Preis des Jahres 1997 verliehen hat. Den hat sie sich redlich verdient. Doch was entdecken wir bei genauerem Hinsehen unter der peinlichen Denglisch-Oberfläche? Ist ja alles Latein, was so penetrant Neudeutsch daherkommt! Wollen wir das mal kurz *checken* (vl, rekonstruierbares scaccus, der besonders zu schützende «König», dem das «Schach»-Spiel seinen Namen verdankt)?

Bitte sehr, oder, wenn's besser gefällt: *please* (placere, «gefallen»): Die *story* kommt von historia, gLw, «Geschichte»; *contemporary* ist etwas, das «mit» (cum/con-) der «Zeit» (tempus) geht. Die Vorsilbe co-, con- zeigt, wie sehr Jil auf das Miteinander abzielt: co-ordinare, «zusammen-ordnen»; con-cipere, «zusammen-fassen»; com-binare, «je zwei zusammen-stellen»; col-ligere, «zusammen-lesen», «sammeln». Soziale Kompetenz unter dem Deckmantel semantischer Rekurrenz – das hat was! Und wir begreifen: con- hat *future* (futurus, «künftig»). Auch darin, nicht nur mit unserem *money* (moneta, «Münze») *supporten* wir Jil (sup-portare, «herbeitragen»), zumal sie uns als *audience* (audire, «hören») ein so schönes Zeugnis ausstellt. Ja, wir haben *spirit* (spiritus, «Geist») und ja, wir bekennen uns zu *refined* Qualitäten. Das sind – warum eigentlich nicht *qualities*, qualitates, «Beschaffenheiten»? – Qualitäten, die immer «wieder» (re-) «bis zum Ende» durchdacht und durchgeführt sind. In *refined* steckt finis, «Grenze», bzw. finire, «beenden». Das wirklich «Vollendete», finitum, hat sich übrigens auch das Deutsche von Mutter Latein abgeschaut, und zwar im Lehnwort «fein».

Beim *appreciaten* sind wir besonders gut – sicher auch, weil wir den sprachlichen Ursprung von *appreciaten* kennen: ap- aus ad-, «zu»; pretium, «Preis»; appretiare, «einschätzen». Da kann Jil auf unsere *voice* zählen, so wie die Römer sich auf unsere vox, «Stimme», verlassen können. *Searchen* hört sich englisch an, ist aber ebenfalls lateinstämmig: circare, «herumgehen», «erkunden», stand am Anfang der Suche. *Magic* geht auf magicus zurück, ein Wort, das zu den nicht ganz seltenen lateinischen Entlehnungen aus dem Griechischen gehört: «zauberisch». Oder sagen wir doch, zumal angesichts dieses Kontextes: «zauberhaft»! Und für uns Lateiner ist es, verehrte Jil, auch *effortless*, Ihre Sprach-*compilation* zu *decoden* (de-, «weg»; codex, «Buch»,

«Verzeichnis»). Wir erkennen neben dem verneinenden (zugegeben: englischen) *-less* auch das exfortiare, «stark machen» im *effort*. Alles also total *easy* (vielleicht von ansa, «Henkel», daraus «Möglichkeit»).

Ein Wort noch zur *compilation*. Die Ursprungsbedeutung macht die Sache nicht besser: com-pilare heißt «zusammenrauben», «ausplündern». Womit wir ja fast, allerdings ausdrücklich ohne das mit Frau Dr. ling. mix. Sander *combinen* zu wollen, bei einer gewissen *copy-and-paste-affair* (copia; pasta, ml, «Teig» als «Klebemasse»; ad+facere, «an-tun») wären, die im Jahre 2011 die Republik erschütterte. Weitere *details* (de- + ml taliare, «abschneiden») dazu im *city*-Kapitel – ein bisschen *suspense* (sus-pendere, «schwebend halten») muss bleiben.

Klar, man kann Jils *giving-story* auch unter *nonstop nonsense* abheften. Beim *stop* sind römische Klempner mit im Sprach-Boot. Sie pflegten nämlich, tropfende Abflüsse mit stuppa, «Werg», abzudichten. Die Tätigkeit des stuppare lebt außer im englischen *to stop* im deutschen «stopfen» weiter. Aber wir ziehen es in diesem *editorial* (e-dere, «heraus-geben») vor, Jils *comment* zu ihrer *success story* (commentari, «überlegen», «niederschreiben»; successus, «Fortgang», «Erfolg»; historia) vom denglateinischen *point of view* aus (punctum, das «Gestochene»; videre, «sehen») als *giving-story* für Latein zu werten. Oder, mit noch größerer Anerkennung, zu *appreciaten*.

Rules für ein Me-Too-Product

Mit dieser Ermutigung haben wir uns, mit Latein- und etymologischen Wörterbüchern der englischen Sprache unterm Arm, auf den Weg gemacht und haben mal alles notiert, was uns im zeitgenössischen – oh, Entschuldigung: *contemporary* –

Englisch-Sprech spanisch vorkam, weil es aus dem Lateinischen stammt. Wobei wir über genügend *self confidence* (confidere, «vertrauen») verfügen, um einzuräumen, dass der größere Teil des lateinstämmigen Sprachmaterials über «französische» Vermittlung auf die Insel gelangt ist. Die normannische Invasion nach der Schlacht von Hastings im Jahre 1066 hat tiefe Spuren im englischen Wortschatz hinterlassen, wenngleich auch schon die Angelsachsen wie andere Germanen reichliche Anleihen bei der römischen Sprachenkönigin aufgenommen hatten.

Auch die Sprache der alten Römer hat sich weiterentwickelt und im Mittelalter und in der Volkssprache («Vulgärlatein» – nicht abwertend gemeint, sondern auf vulgus, «Volksmasse», bezogen) alte Bedeutungen modifiziert und neue Wörter geprägt. Wo wir über den Tellerrand des klassischen Lateins hinausblicken, haben wir das in der Regel mit «ml» (Spät- bzw. Mittellatein) bzw. «vl» (Vulgärlatein) gekennzeichnet.

Nicht alle Etymologien sind sicher; gelegentlich sind sich die Sprachforscher nicht einig. Solche Unsicherheiten haben wir meist angemerkt. Aber gewiss bleibt auch dort, wo wir uns einigermaßen sicher waren, das eine oder andere Fragezeichen.

Sprachliche Übernahmen sind nichts Besonderes – und, wenn sie der sinnvollen Erweiterung und Differenzierung eines Wortschatzes dienen, nichts Verwerfliches. Auch die Römer haben sich bei den Griechen «bedient». Wir honorieren diesen linguistischen *provider service* (providere, «sorgen für»; servitium, «Dienst») der Hellenen mit der einschlägigen *note* (nota, «Kennzeichen») «gLw» (griechisches Lehnwort). Eine letzte Abkürzung: «ppp» steht für «Partizip Perfekt Passiv». Manchmal verändert sich der Stamm eines Wortes in diesem Partizip recht deutlich – und dient dann als Grundlage für Fremd- und Lehnwortbildungen, die man vom Infinitiv aus nur mit Mühe erkennt.

Da sich auf dem Denglisch-*market* (mercatus, «Markt») zahllose Panscher tummeln, von denen manche kaum noch irgendwelche *limits* (limes, «Grenze») kennen, benötigten wir für die Unterscheidung zwischen – einigermaßen – repräsentativem, jedenfalls weit verbreitetem Denglisch-Vokabular und exzessiven *preferences* (prae-ferre, «vor-ziehen») à la Jil Sander eine *rule* (regula, «Regel»). Die gibt, auch wenn wir hier und da darüber hinausgegangen sind, der von G. Junker herausgegebene «Anglizismen-Index» sowie das eng verwandte «Wörterbuch überflüssiger Anglizismen» vor. Das letztere Werk ist eine offizielle Publikation des Sprachvereins VDS, das erstere gewissermaßen inoffiziell und deshalb im Ton gelegentlich kämpferischer. Ob *wir* einem der «Schutzvereine» für die deutsche Sprache angehören? Nein, als engagierte oder gar militante Sprachschützer verstehen wir uns nicht; da scheint uns manchmal eine gewisse *obsession* (obsessio, «Belagerung») im Spiel. *Unser commitment* (se committere, «sich anvertrauen») gilt ganz und gar dem Lateinischen. Und deshalb heißt unser *project* (pro-iectum, «Vorgeworfenes», «Plan»): Den Denglisch-*freaks* mal so richtig zu zeigen, wo der lateinische Hammer hängt.

Apropos *freaks*. Das Wort verwenden wir nur als Illustration dafür, dass es in unserem *sampler* (exemplum, «Beispiel») eigentlich unzulässig ist. Denn wir nehmen strikt nur Denglisch-Brocken mit lateinischer Migrationsgeschichte auf – und *freak* hat keine. Etwas großzügiger verfahren wir bei Zusammensetzungen: Wenn nur 50 %, in seltenen Fällen nur 33 %, eines zusammengehörigen Begriffs lateinstämmig sind, *usen* wir ihn trotzdem (uti, ppp usus, «gebrauchen»). Deshalb können wir auch mit voller Überzeugung behaupten, dass dieses Buch für alle an der lateinischen, der englischen und nicht zuletzt der deutschen Sprache Interessierten ein absoluter *must-have-article* (articulus,

«Gliedchen», «Stück») sein sollte. Nein, nein, wir wollen Sie nicht *abcashen* (capsa, «Behälter», ursprünglich für Bücher)! Aber doch angesichts der vielen Aha-Erlebnisse darauf hinweisen, dass es sich um ein echtes *me-too-product* handelt (pro-ducere, «hervor-bringen»). Vielleicht können Sie beim Kauf ja auch noch Ihre *payback card* einsetzen. Die trieft mit *card* (charta, «Blatt Papyrus») und *pay* nur so vor Denglatein. Mit *pay* bescheren wir Ihnen schon ein Aha-Erlebnis: Oder wussten Sie, dass in *pay* pax steckt, der «Friede»? Eigentlich ganz einleuchtend: *Pay* und du hast deinen Frieden!

Für ein kleines *problem* (problema, gLw, «Problem») – manch einer mag es als etwas größeres empfinden – bitten wir um Verständnis: die zahlreichen Wiederaufnahmen einzelner Begriffe einschließlich der Erläuterungen in den verschiedenen Kapiteln. Das ist etwas mühsam; Querverweise wären indes noch mühsamer. Letztlich ist die Bereitschaft zu Wiederholungen der erwarteten *reading procedure* (pro-cedere, «voran-gehen») geschuldet: Auch wenn jeder Autor meint, *sein* Buch müsse man eigentlich in einem Rutsch von vorne nach hinten durchlesen, *realizen* wir doch (als realis, «tatsächlich», empfinden), dass die kapitelweise Lektüre der Normalfall sein und auch die Reihenfolge variieren wird.

So, und jetzt wünschen wir Ihnen eine *relaxte* (re-laxare, «wieder locker machen») Lektüre! Sollten Sie hier und da auf Augenzwinkern, Ironie und Spaß stoßen, dann denken Sie daran: Auch *joke* ist ein denglateinisches Wort. Unter iocus verstanden die Römer «Witz» und «Spaß».

Pop Concert, Party oder Candlelight Dinner? – *Vorschläge für lateinische Freizeit-Activities*

Klar, Sie können sich nach Feierabend aufs Sofa fallen lassen und den *couch commander* geben, den Herrn über die TV-Fernbedienung. Ob das *peppiger* (piper, «Pfeffer») wirkt, wenn Sie das kleine Schwarze in Ihrer Hand mit den vielen Knöpfen denglisch als *remote control* aufwerten (remotus, «entfernt»; contra+rotula, «gegen» und «Rädchen»), steht dahin, obwohl es immerhin kongenial zum *Couch commander* wäre. Etymologisch gesehen, müssten Sie auf der Couch noch Platz lassen für (mindestens eine) weitere Person. Das Ursprungswort collocare, «setzen», «stellen», ist aus con- und locare zusammengesetzt, meint also ein «gemeinsames Stellen» oder auch «Legen». Wonach sich ja die Römer als Schöpfer dieses Begriffs zu richten pflegten, auch wenn sie diesen Begriff dafür nicht verwendeten: Auf einem Speisesofa lagen gewöhnlich drei Teilnehmer eines Gastmahls. Den schroffen Ton des *commanders* haben die Römer dem Ursprungswort nicht gegeben; commendare heißt bei ihnen «empfehlen» oder «anvertrauen». Erst die Nachwelt hat die Verschärfung in die Bedeutung gebracht – was freilich kaum jemand weiß, zumal die *public opinion* den Römern ja gern das Kommando-*image* anheftet (publicus, «öffentlich»; opinio, «Meinung»; imago, «Bild»).

Als *couch commander* könnten Sie dann den ganzen Abend in der bunten weiten *channel*-Welt *cruisen* (canalis, «Kanal»; crux, «Kreuz»), sich hier von einer *soap opera* einlullen lassen (sapo, «Seife», aus dem Germanischen ins Lateinische übernommen!; opera, «Werk»), dort von einem *action film* (actio, «Handlung») wieder aufwecken und wieder woanders von einem *quizmaster* in Sachen Allgemeinbildung auf Vordermann bringen lassen. Den *quizmaster* haben wir Deutsche übrigens erfunden; die Engländer sprechen da von einem *host*. Aber was soll's – ist ja eh alles Latein. Der *host* geht auf hospes, «Gastgeber», zurück, der *master* auf magister, «Leiter», «Lehrer», und *quiz* ist wahrscheinlich, aber nicht sicher eine Zusammenziehung von quis es, «wer bist du?».

Jakob und seine Scheiben – auch als «DJ» bekannt

Oder Sie wählen die Audio-Variante, die sich freilich auch bequem von der *couch* aus *operaten* lässt (operari, «arbeiten»): Sie werfen eine *compact disc* nach der anderen in den *CD-player* und *stylen* sich als häuslicher *mini-size-DJ*. Das hat was – zumindest was Lateinisches. Denn alles, was mit *disc* zu tun hat, ist eine runde Sache. Der griechische *diskós* und der von den Römern abgekupferte discus sind «runde Scheiben», und die CD ist auf Lateinisch ein discus compactus, eine «gedrungene», «feste Scheibe». Der Infinitiv dazu ist compingere, «zusammenfügen». Das anspruchsvoll klingende *styling* verdankt seinen Ursprung einem schlichten «Griffel», stilus. Das Wort diente allerdings schon den Römern dazu, eine bestimmte Schreib- und Darstellungsweise zu kennzeichnen, den «Stil». Damit war der Weg zum umfassenden Selbstdarstellungs-Stil auch im Sinne tendenziell eher peinlichen *stylings* vorgezeichnet. Peinlich? Ein interessantes deutsches Lehnwort aus dem Lateinischen – darin steckt poena, die «Strafe». Die Engländer haben aus der poena eine *pain* («Schmerz» oder eben «Pein») gemacht. Das freilich gehört (noch?) nicht zum Denglisch-Bestand.

Die *size*, «Größe», sollte bei Kleidungsstücken möglichst gut «sitzen» – so wie das zugrunde liegende lateinische Wort assidere ein «nahes Dabei-Sitzen» bezeichnet. *Mini* ist spätestens seit der einschlägigen Rock-*size* populär geworden, eine Abkürzung von minimus, «der kleinste», «sehr klein». Bliebe noch der *jockey*. Das ist eine Variante zu Jack, der seinerseits dem französischen Jacques nachgebildet ist. Und der wiederum ist mit dem lateinischen Iacobus identisch.

Sie können das Ganze noch durch ein passendes *outfit* (factus, «gemacht») wie z. B. einen Haus- oder Trainingsanzug *tunen* (tonus, gLw, «Spannung einer Saite», «Ton») sowie durch kulinarische *accessories* (accedere, «hinzukommen») wie *chips* und *beer can*. Die Etymologie der *chips* ist unsicher; manche Forscher bringen den lateinischen cippus ins Spiel, eine «Spitzsäule» aus Stein oder Holz. Wir sind skeptisch.

Der *can* dagegen stammt zweifelsfrei von der canna (ursprünglich: «kleines Rohr») ab, die auch im deutschen Lehnwort «Kanne» weiterlebt. Das kühle *beer* ist sprachgeschichtlich ein ziemlich heißes Eisen. Auch wenn die ganze germanische Welt aufschreit, wenn man den Namen ihrer «heiligen» Rauschgetränk-*creation* (creare, «schaffen») den weinseligen Römern zuschreibt, schlagen wir uns unerschrocken auf die Seite derer, die *beer* und «Bier» von lateinisch bibere ableiten. Das heißt schlicht «trinken» und erhöbe, wenn die Theorie zutreffen sollte, das *beer* immerhin in den Kultstatus *des* Getränks schlechthin. Sagten wir «Kultstatus»? Wir meinen natürlich *cult status* (cultus, «Verehrung»; status, «Zustand»).

Dine and Wine – Wider die Nüchternheit

Vielleicht lässt sich Ihr Partner bzw. Ihre Partnerin ja von diesem häuslichen *low cost leisure management anturnen* (constare, «kosten»; licentia, «Erlaubnis»; manus, «Hand», italienisch *maneggiare*, «handhaben»; tornare, «wenden», «drehen»). Dieses *pleasure* – das, was Ihnen gefällt (placitum, von placere, «gefallen») – gönnen wir Ihnen von Herzen. Aber wenn's schief geht, sagen Sie nicht, wir hätten Sie nicht gewarnt: *Stylish* und *contemporary* ist diese Freizeit-*activity* mit nur geringem Anteil an agere, «handeln», nun wahrlich nicht (stilus; con+tempus, «mit der Zeit», «zeitgemäß»).

Dürfen wir Ihnen ein paar außerhäusige *amusement*-Angebote unterbreiten, ohne sie Ihnen allerdings als *special offers* anzudienen? Das *amusement* verdankt seine Existenz einem lateinischen «Brummen»; am Anfang stand mussari, das sich im Französischen zu *muser* entwickelte und dort zunächst ein «vor sich Hinsinnen» bezeichnete – durchaus mit der negativen Konnotation «seine Zeit vergeuden» – , bevor es dann die Kurve zum positiv verstandenen Zeitvertreib kriegte. speciale nannten die Römer etwas «Eigentümliches», «Besonderes» und *offer* leitet sich wie sein deutsches Pendant «Offerte» von offerre, «anbieten», ab. Ein sehr bildhafter Ausdruck übrigens, weil ob-ferre die Grundbedeutung «entgegen-bringen» hat. Man bekommt eine *offer* sozusagen direkt vor die Augen oder sogar unter die Nase gehalten.

Sollten Sie ins *cinema* gehen wollen, so wählen Sie die Griechisch-Option; *kinein*, «bewegen», ist der Ursprung der Institution für die bewegten Bilder. Lateinisch können Sie dort aber noch punkten, wenn Sie sich einen *blue movie* anschauen; movere stand am Anfang, ebenfalls ein «Bewegen», aber ein lateinisches. Ob Sie im *blue-movie*-Rahmen freilich auf eine Ihnen genehme *audience* treffen, müssen Sie selbst entscheiden. Eines aber können wir erstaunt festhalten: Eine Kino-*audience* erweitert den audire-Begriff («hören») beachtlich um das Sehen.

Wie wär's mit dem Besuch einer *party*? In der steckt pars, der «Teil», aber auch die «Gruppe». Eine besonders große Gruppe findet sich bei einer *street party* ein. Die ist gleich doppelt lateinisch inspiriert, weil sich *street* (wie «Straße») von der via strata, dem «gedeckten Weg», ableitet. Sollten Sie eine *raver party* bevorzugen, so bringen Sie ordentlich *power* mit (potentia, «Macht», «Kraft») – schließlich hat sich das *raven* aus rabies entwickelt, «Wut», «Wildheit».

Deutlich beschaulicher geht es beim *candlelight dinner* zu. Dort sagen Sie im Schein mindestens einer «Kerze» (candela) dem Fasten den Kampf an. «Nüchtern», «mit leerem Magen» heißt auf Lateinisch ieiunus; die Vorsilbe dis- gibt das Gegenteil davon an und so wird aus dem disieiunum, dem «nicht hungrigen Zustand», das *dinner*. Wenn das von Ihnen aufgesuchte Restaurant ein *dine-and-wine*-Angebot bereithält, so bietet es Ihnen auch das vinum, den «Wein», in einer *all-inclusive-solution* an (includere, «einschließen»; solutio, «Lösung»). Wenn der Laden noch eine Spur mehr *fashionable* sein will (factio, das «Machen», die «Herstellung»), dann wird er seine *dine-and-wine-offer* sogar als *concept* verkaufen. Das bringt zwar ein wenig Nüchternheit in die romantische *dinner*-Zweisamkeit, weil concipere (ppp conceptus) ein rationales «Zusammenfassen» meint, aber der *wine* wird's schon richten. Etwas weniger hart, wenn auch noch einen Tick dämlicher wirkt es, wenn eine angesagte *location* (locus, «Ort») ihr *dinner concept* als *philosophy* nobilitiert (philosophia, gLw, «Liebe zur Weisheit»). Da kann man dann wirklich ins *dinen* und *winen* kommen.

Unser schlichter *comment* dazu: *cheers*! commentari nannten es die Römer, wenn jemand «Betrachtungen anstellte» oder etwas «mit Überlegung verfasste». Die berühmtesten commentarii sind Caesars «Notizen», «Aufzeichnungen» *de bello Gallico*, «Über den Gallischen Krieg». Dem englischen «Prosit» namens *cheers* liegt ein spätlateinisches Wort für «Gesicht» zugrunde: cara. Als Spiegel der Seele verrät die cara/*cheer* einiges über die Gemütsverfassung eines Menschen. Und so entwickelte sich die Bedeutung «Stimmung»; die durch die Pluralbildung wohl als *gute* Stimmung beschworen wird.

Charity Events – auch für den Caterer ein Ereignis

Das *candlelight dinner* ist Ihnen zu langweilig? Zu *romantic*? (Romanus, «römisch», ist tatsächlich der Ursprung: Ändern Sie Ihr Römer-Bild!) Dann wählen Sie doch das *crime dinner*! Da geht es um crimina, «Verbrechen» (Singular: crimen), und *action* (actio, «Handlung») ist garantiert. Offensichtlich eine Wachstumsbranche, diese *event*-Gastronomie! Denn sie setzt auf das Besondere, den eventus, das «Ereignis». Auf dem Markt hat sich eine ganze Reihe von einschlägigen Unternehmen etabliert, u.a. eines mit dem schönen Denglisch-Namen *dine-crime*. Schade nur, dass es bei den Betreibern mit dem richtigen Englisch nicht zum Besten steht: Sie werben auf ihrer *homepage* (pagina, «Seite») damit, dass «wir Dinner Krimi's produzieren». Den so gesetzten Apostroph werten *wir* als *crime* gegenüber der englischen *und* der deutschen Sprache.

Eine *experience* (experiri, «erfahren») wird Ihnen allerdings bei der *event*-Gastronomie kaum erspart bleiben: Sie werden dort ordentlich *abgecasht*. Was zumindest die *Latin lovers* unter Ihnen trösten sollte: *cash*, das «Münzgeld», ist aus capsa hervorgegangen. So nannten die Römer einen ursprünglich zylinderförmigen Behälter, in dem Buchrollen aufbewahrt wurden. Wie sehr sich die capsa später zu einem Behälter ganz allgemeiner Art weiterentwickelte, darunter eben auch zum Geldbeutel, zeigt neben *cash* auch das deutsche Lehnwort «Kapsel».

Sollten Sie sich zur *society* (societas, «Gesellschaft») oder auch nur zur *snobiety* zählen, so müssen Sie sich ab und zu bei einem anderen *event* sehen lassen: Ihre *presence* (praesens, «gegenwärtig») bei dem einen oder anderen *charity event* ist unabdingbar. Denn damit demonstrieren Sie in der Wohltätigkeits-*scene* (scaena, «Bühne»), dass Sie eine christliche Kardinaltugend praktizieren – die der caritas, «Nächstenliebe» (carus, «lieb»). In der Regel werden solche *charity events* von einem einschlägig vorbelasteten *local hero* – manchmal auch einer *heroine* – organisiert, worüber sich auch der mit ihm bekannte *caterer* freut, der den Häppchen-*supply* sicherstellt. supplere heißt «auffüllen» und ist ein schönes altes lateinisches Wort. Deutlich jünger ist das erschließbare, aber nicht belegte accaptare, das dem *caterer* zu seiner Berufsbezeichnung verholfen hat. ad und captare sind die Bestandteile, «zu-greifen» und damit «kaufen» stand am Anfang. Dass der moderne *caterer* eher beim Verkaufen kräftig «zulangt», wollen wir ihm nicht verübeln. Er gilt ja als Garant für ein kulinarisches *pleasure*, das beim *charity event* eine – sagen wir freundlich: nicht unwesentliche – Rolle spielt. Das lehrt auch ein Blick auf die Etymologie: placitum ist das, was «gefallen hat» und «zusagt» – und damit wohl auch die *charity* in Form von *money spending* ordentlich beflügelt (moneta, «Münze»; expendere, «ausgeben»).

Der *local hero* ist der am locus, «Ort», ansässige Politiker, Industrielle oder Adlige, die *heroine* in der Regel – wir sagen es wegen der fehlenden *political correctness* ungern (politicus, gLw, «den Staat betreffend»; correctus, «richtig») – seine Frau. Die heroischen Römer haben sich den heros, «Helden», erstaunlicherweise von den Griechen geborgt. Die *heroine* haben sie vermutlich gar nicht gekannt, nehmen jetzt viele in Erwartung «typisch» römischer Frontstellung gegen *political correctness* an. *Error* (error, «Irrtum»). Sie kannten sowohl die *heroine* als auch die *herois*. Und was bei Ihnen vielleicht noch größeren *surprise* auslöst (super+prehendere, «über-greifen»): Ovid hat sogar ein Werk mit dem Titel «Heroides» hinterlassen. Es enthält fiktive Briefe von Heroinen des Mythos an ihre Männer.

Lateinische Jeans und ein altrömischer Beauty Contest

Bei anspruchsvollen *dinner* und *society events* müssen Sie unbedingt den *dress code* beachten. Mit abgerissenen *jeans* sollten Sie dort nicht aufkreuzen – auch wenn die *jeans*, die nächste *surprise*, lateinstämmig sind. Ihren Namen haben sie von einem strapazierfähigen Baumwollgewebe, das erstmals in der italienischen Stadt Genova hergestellt wurde. Und die heißt auf Latein wie auf Deutsch Genua. So wie uns die *jeans* direkt ins lateinische Genua führen, führt uns der *dress* direkt auf das lateinische Adjektiv directus, «gerade», «aufrecht». Aus einem erschließbaren mittellateinischen directiare wird ein französisches *dresser*, das ein «ordentliches Sich-Herrichten» meint, und zwar u. a. durch das «Anlegen von Kleidung». Der *code* ist ein lateinischer «Baumstamm» (codex), der aber auch schon bei den Römern als «Buch» oder «Verzeichnis» verstanden und in der christlichen Literatur für *das* Buch schlechthin, die Heilige Schrift, verwendet wurde. Für die christliche Ethik ist die Bibel bis heute der verbindliche *code of conduct* geblieben (conducere, «zuträglich sein», «sich gehören»).

Wenn Sie einem *beauty contest* beiwohnen möchten, so gilt auch da ein gewisser *dress code*. Schließlich geht es dort ja um das «gemeinsame Bezeugen» (con+testari) von bellitas, «Schönheit». Das Adjektiv dazu heißt bellus, «schön». Aber im schulischen Lateinunterricht haben Sie pulcher für «schön» gelernt – und bellum für «Krieg»? Beides ist richtig, aber bellus, a, um als «schön», «charmant», «nett» gibt es als Verkleinerungsform von bonus, «gut» (ursprünglich: benulus), durchaus schon im klassischen Latein. Allerdings gehört das Wort eher der Umgangssprache an.

Gehen Sie also getrost davon aus, dass bei einem altrömischen *beauty contest* oft genug der Ausruf bellam puellam! zu hören war. Nur gab es bei den moralstrengen Römern so etwas überhaupt nicht, vermuten Sie, auch hierhin ein folgsamer Veteran Ihres schulischen Lateinunterrichts. *Error*! Die Römer kannten solch eine Veranstaltung sogar in einer *hardcore-version* (cor, «Herz»; vertere, «drehen», «wenden»): Am Floralienfest mussten sich Huren auf der Theaterbühne öffentlich ausziehen und sich den mehr oder minder fachmännischen Blicken einer – nicht nur männlichen! – *audience* stellen.

Stress mit dem Dress? – Alternative «Zufall»

So, jetzt legen wir aber mal den *dress code* beiseite und wenden uns *activities* zu, bei denen Sie *casual* aufkreuzen können. casualis heißt «zufällig», also so, wie es gerade kommt, wie es der casus («Fall», «Zufall») will. Sie sehen: Dem *dress code* können Sie entfliehen, dem Lateinischen aber nicht. *No chance*! Was – nicht nur *by chance* – auch die *chance* zeigt: Die hat sich nämlich aus den cadentia entwickelt, den «zufallenden, zufälligen Dingen».

Sie brauchen auf Ihr Äußeres keine besondere Sorgfalt zu verwenden, wenn Sie z. B. einer *art gallery* einen *visit* abstatten. Weniger *ambitious* in Sachen Denglisch könnten Sie auch vom «Besuch» in einer «Kunstgalerie» sprechen. Aber das hätte einen viel geringeren Latein-Anteil. Die galeria ist im Mittellateinischen ein «Vorhof» oder auch eine «Säulenhalle», ars ist die «Kunst» und *visit* leitet sich wie die Arztvisite von visitare, «besuchen», ab. Mit *ambitious* unternehmen wir einen kleinen kulturgeschichtlichen *retro-visit* in den Politikbetrieb der römischen Republik. Die Vorsilbe amb(i)- drückt ein «von beiden Seiten» und «herum» aus (wie ihre griechische Schwester *amphi-*, die uns vom «Amphitheater» und von den «Amphibien» her bekannt ist). ire heißt «gehen», ambire nannte man das «Herumgehen» von Kandidaten im Wählervolk einschließlich des Herumscharwenzelns um die geneigten Mitbürger zwecks Stimmenfangs. Daraus ergaben sich die übertragenen Bedeutungen «heftige Bemühung» und «Ehrgeiz».

Gar nicht so öde, der etymologische *retro-look*, nicht wahr? Für die römische Mentalität war retro beinahe ein Zauberwort. Römer blickten gern darauf «zurück», was ihre Vorfahren und wie sie es gemacht hatten.

Kulturell weniger *ambitious* sind oder erscheinen die *fans* des *disco sound*, die für den «Scheiben-Ton» (discus; sonus) «schwärmen» (fanatici). Im Unterschied zur *art gallery* wird *security* in der *disco* sehr offen und offensiv praktiziert – damit Betreiber und Besucher «ohne Sorge» (securus, «sicher», zusammengesetzt aus se-, «weg», «entfernt», und cura, «Sorge») sind. Wären da vielerorts nur nicht jene üblen *designer*-Drogen im Spiel, deren negative Auswirkungen sich für ihre *user* keineswegs im *stress* mit den *cops* erschöpfen. *Design* und *designer* leiten sich ab von designare, «bezeichnen», «nachbilden», der *user* von uti, ppp usus, «gebrauchen». Der *stress* war ursprünglich ein *distress*, hinter dem ein zermürbendes «Auseinanderziehen», «in Anspruch nehmen» (distringere) steckt. Und der *cop*? Er leitet sich, wenn diese umstrittene Etymologie richtig sein sollte, tatsächlich vom lateinischen capere ab, «nehmen», «fassen» – und wäre damit ein echter «Greifer».

Pop – alles, was dem Volk gefällt

Disco ist fade, finden sie, weil Sie eine *preference* (prae-ferre, «vor-ziehen») für *live performances* haben? Solche «Durch-und-durch-Gestaltungen» (performare) bieten Ihnen *musicals, recitals, jam sessions* oder *pop concerts*. Wahrscheinlich wundern Sie sich gar nicht mehr darüber, und in der Tat ist es so: Bei all diesen musikalischen *events* sitzen die alten Römer sprachlich mit im Boot. Am wenigstens noch beim *musical*, weil hier die Griechen mit *mousiké (téchne)*, «Musenkunst», das Erstlingsrecht beanspruchen. Andererseits haben die Römer bei der Verbreitung ihres Lehnworts musica (ars) das größere Verdienst. Bei dem als Solistenkonzert organisierten *recital* stand recitare Pate, «vorlesen», «rezitieren» – im alten Rom übrigens eine häufig genutzte Chance für Dichter, ihre Werke einem größeren oder kleineren Kreis von Zuhörern vorzutragen.

Ob man für *jam* den Ursprung *champs*/campus, «Feld», reklamieren kann, ist fraglich. Wir wollen den lateinischen Mund nicht zu voll nehmen. Bei der *session* können wir aber ganz sicher sein; das lateinische Wort heißt sessio, «Sitzung». Auch das *concert* ist – wie seine deutsche Schwester, das «Konzert» – unstrittig ein Latein-Abkömmling: concertare, «miteinander wetteifern», «sich messen», steht am Anfang eines auch auf Zusammenwirken bedachten musikalischen Wettstreits. Und *pop*? Na klar geht der aufs Lateinische zurück, und zwar als Abkürzung von popularis, «volkstümlich». Auch wenn Sie das als unfein empfinden mögen, müssen wir in diesem Zusammenhang darauf hinweisen, dass das vulgärsprachliche deutsche «Poppen» die gleiche sprachliche Wurzel hat. Es bezeichnet etwas, das für den populus, das «Volk», ebenso selbstverständlich wie angenehm ist.

Ihr musikalisches Freizeitprogramm können Sie noch *upraten* (reri, ppp ratus, «rechnen», «meinen»), wenn Sie statt eines schlichten *pop concerts* ein *pop festival* besuchen, bei dem nach Möglichkeit einige *celebrities*, «berühmte» (celeber) Größen der *music scene, performen* (performare, «durch-und-durch-gestalten»). So etwas nennt die *pop community* einen *act*, ein Großereignis, bei dem so richtig «Handlung» drin ist (actum, ppp von agere, «handeln»). Manche bemühen die alten Griechen, indem sie vom *mega-* oder *hyper event* sprechen. *megas* heißt «groß» und *hyper* bezeichnet etwas, das «über», «oberhalb» der Normalität liegt. Das *festival* haben uns – ebenso wie das deutsche «Fest» oder die «Feier» – die Römer geschenkt: festus heißt nichts anderes als «festlich». Und damit Sie so richtig ins Staunen geraten und Ihre (anti-?)römischen Vorurteile infrage stellen, verraten wir Ihnen, dass der beliebteste mit der Schule verbundene Begriff ebenfalls auf festus fußt: die «Ferien» (feriae von fesiae).

Fanmeilen und andere Ultimate Locations

Eher für den männlichen Teil der Menschheit dürften unsere letzten drei *activities* von Interesse sein. Die Rede ist zum einen vom Fußball. Den kannten die Römer noch nicht – was aber ihre Sprache nicht daran hindert, der europäischen «Königsklasse» ihren offiziellen Namen zu geben: Die *Champions League* ist durch und durch lateinisch. Der *champion* ist ursprünglich der auf dem «Schlachtfeld», campus bzw. campania, erfolgreiche campio, «Kämpfer», und die *league* oder «Liga» leitet sich von ligare, «verbinden», ab. Sie ist bei aller Rivalität ein «Bund» mit einem einigenden «Band». Sollten gerade Europa- oder Weltmeisterschaften stattfinden, dann ist natürlich die Fanmeile die *ultimate location*, der «letzte», «höchstmögliche» «Ort» (ultimus; locus). Aus dem deutsch-englischen Zwitter «Fanmeile» machen wir gern einen einheitlichen Lateinkörper. Die *fans* entsprechen den altrömischen fanatici, die sich bei Wagenrennen im Circus nicht minder «begeistert» und «ausgelassen» zeigten als moderne Fußballanhänger. Und die «Meile» ist – ebenso wie die englische *mile* – ein Lehnwort aus mille (passus), «tausend» («Doppelschritte»).

Deutlich *abgespaceder* (spatium, «Raum», «Weltraum») ist es, wenn Sie zur Erholung mit Ihrem *SUV* so richtig im Einklang mit *Mother Nature* (natura, «Natur») durch die Gegend brettern. Das Einzige, was uns mit diesen Gelände-Angeberautos versöhnt, ist ihre lateinstämmige Bezeichnung: *sport utility vehicle*. Das vehiculum ist ein «Fahrzeug», utilitas ist der – konkret allerdings sehr fragwürdige – «Nutzen» und auch *sport* und «Sport» verdanken wir den Römern. Das Wort leitet sich von deportare ab, «wegbringen». Wenn man den Alltag «wegbringt», so «vergnügt» man sich. So empfand es zumindest die späte Romanitas, und aus dem französischen *desport* und dem Englischen *disport* entwickelte sich der «Sport».

Wir schließen nicht aus, dass Sie als Mann am Nachmittag oder Abend in einem *eroscenter* versacken. Ob wir das *appreciaten* (ad+pretium, positiv «als Preis veranschlagen»), tut nichts zur Sache. Wohl aber, dass Sie mit dieser *activity* eher auf den Spuren der alten Griechen als denen der alten Römer wandeln; *éros* ist griechisch die «Liebe» und das *center* oder «Zentrum» entspricht dem griechischen *kéntron*, dem «Mittelpunkt eines Kreises», den allerdings schon die Römer als centrum latinisiert haben. Eines aber möchten wir Ihnen, jetzt wieder ganz lateinisch werdend, ans Herz legen, wenn Sie schon diese *destination* (destinare, «bestimmen») gewählt haben: Bestehen Sie auf *safer sex*! Wenn es dieses *concept* schon vor zweitausend Jahren gegeben hätte, hätten die Römer es ein bisschen anders ausgedrückt. Das einschlägige Sprachmaterial haben sie indes bereitgestellt: salvus, «gesund»; sexus, das «Geschlecht».

Und das auch für den Fall, dass Sie Ihr Freizeitverhalten kurzfristig umdisponieren wollen. Bestimmt gibt es auch im *eroscenter* jene grünen Schilder, die Ihnen – auch den moralischen – *emergency exit* anzeigen. Da «taucht» dann unvermittelt die Rettung in Gestalt eines exitus, «Ausgangs», «auf» (emergere).

Pay und du hast Frieden! – *Latein auf dem Global Money Market*

Zahle und du hast deinen Frieden! Was sich nach einer ziemlich nötigenden «Botschaft» eines Inkasso-Unternehmens mit Verbindungen zur russischen Mafia anhört, ist im Englischen schlichte Normalität. Und damit auch im Denglischen. Denn *pay* kommt uns allerorten vor die Augen und über die Lippen: *Payback*, *paypal*, *pay-TV* oder *pay per view*. Und was hat diese aggressive *pay*-Offensive mit «Frieden» zu tun? Ganz einfach: *Pay* leitet sich ab von lateinisch pax, «Frieden», bzw. dem Verb pacare, «Frieden stiften», «befrieden». Bei einigen Zusammensetzungen wird es sozusagen noch lateinischer: Bei *prepaid* ist prae, «vorher», bezahlt. Ebenso setzt das *justpay*-System auf Bezahlung zum «gerechten», «richtigen» (iustus) Zeitpunkt. Die Konkurrenz namens *paysafecard* holt sogar zum lateinischen *triple* aus (triplus, triplex, «dreifach»): *Safe* ist salvus, «gesund», «heil», und die *card* ist eine charta, ein «Blatt Papier» bzw. «Papyrus» (gLw).

Das «Friedensheilpapier» fordert mich auf seiner *homepage* (pagina, «Seite») übrigens ultimativ auf: «Zahl endlich *cash* im Internet!» Ich überleg's mir, auch wenn ich über die Duz-*interaction* (inter, «zwischen»; agere, «handeln») nicht so *amused* bin (mussari, «brummen»). Immerhin *calmt* mich das denglateinische *cash* ein bisschen *down* (cauma, «Mittagshitze», von calere, «warm sein»). Ursprungswort von *cash* ist capsa, ein «Buchbehälter», der sich u. a. zum Geldbehälter hochgearbeitet hat. Alle diese Firmen, die *pay* im Namen führen, haben zumindest uns *Latin lovers* gegenüber ein sprachliches *advance payment* entrichtet, und das nimmt uns ein klein wenig für sie ein. Sie bringen uns mit einem «weg nach vorn!» (ab+ante) so richtig in Schwung. Da werden wir am Ende noch zum pekuniären Friedensaktivisten.

Erst recht dann, wenn sie intern auch noch dem *spirit* (spiritus, «Atem», «Geist») des *equal pay committed* sind (aequalis, «gleich»; se committere, «sich verpflichten») und sich bei ihnen vor allem kein Frauen diskriminierender *gender pay gap* auftut (genus, «Geschlecht»). Dann geben wir unseren vollen *consent* zu diesen *terms of payment* (consentire, «zustimmen»; terminus, «Grenze»): Noch nie haben wir unser *payment* in größerem inneren Frieden an jemanden geleistet.

Mach es gut und nach vorn! – Dann stellen sich «bene-» und Profit ein

Das Zauberwort dieses Kapitels ist natürlich *money*. Es ist mit den deutschen «Moneten» ebenso verwandt wie mit der italienischen *moneta* und der französischen *monnaie*, die wir früher noch vom «Geld tragenden» Portemonnaie kannten, bevor es in der neuen Rechtschreibung zum «Portmonee» mutierte. So weit, so klar. Warum wir aber die Denglisch-*fans* ausdrücklich dafür loben müssen, dass sie das denglateinische *money* dem deutschen «Geld» vorziehen, das liegt an dem kulturgeschichtlichen Tiefgang ihrer Sprachverwendung. Die neben ihrem Ehegatten Iupiter auf dem Capitol, dem Haupthügel Roms, verehrte Iuno besaß dort einen eigenen Tempel. In ihm wurde sie als Iuno

Moneta, als «Mahnerin» (monere, «mahnen») verehrt. Weil die Römer ihre Münze in das gut gesicherte Heiligtum verlegten, wurden die dort hergestellten Produkte im Laufe der Zeit mit dem Namen der Prägestätte belegt: moneta entwickelte sich zur «Münze». Und so verdanken wir letztlich der Iuno all jenes schöne *money*, das wir auf die Bank tragen. Und zwar nach Möglichkeit zu jenen selbst ernannten *global experts*, die nichts, aber auch gar nichts anderes anstreben als den *customer benefit*. Ihnen vertrauen wir unser *capital* an und hoffen auf hohen *profit* auch in Zeiten niedriger *interest rates*.

Die *global experts* sind die, die sich auf dem globus, der «(Welt-) Kugel» richtig gut auskennen, weil sie dort jede Menge «Erfahrungen gemacht» haben (experiri). Klar, manchmal müssen auch *experts* ein bisschen experimentieren, aber dazu später. Den *customer benefit* versprechen sie uns als das, was römische Philosophen als summum bonum zu bezeichnen pflegten, als «höchstes Gut» – inhaltlich allerdings deutlich anders akzentuiert. Der *customer* scheint es «gewohnt», dass sich alles um ihn dreht; jedenfalls ist das die Bedeutung des lateinischen Grundwortes consuetus.

Benefit und *profit* verdanken ihren zweiten Bestandteil dem facere (in Zusammensetzungen -ficere). Im einen Fall wird etwas bene, «gut gemacht» (benefactum, «Wohltat»), im anderen etwas pro, «nach vorn gemacht», «vorangetrieben». Hier können wir gleich noch einmal auf die römische Philosophie eingehen: Als proficiens, «einen, der Fortschritte macht», bezeichnet Seneca denjenigen, der auf gutem Wege zum wahren «Weisen» (sapiens) ist – erneut allerdings eine leicht unterschiedliche Füllung des proficere gegenüber der *money-making*-Variante.

Unser *capital* – das ist die «Haupt»-Summe (caput), die möglichst viel *interest* erzielen soll. Die englischen «Zinsen» sind ein Abkömmling von lateinisch interest, vielleicht in der Bedeutung «es ist profitabel». Eine andere Erklärung sieht den Ursprung bei einer mittellateinischen Bedeutung, der zufolge das «dazwischen sein» eine Beteiligung am Gewinn als Kompensation für einen möglichen Verlust versteht. Ganz gleich, welche Herleitung zutrifft – unser Interesse am *interest* bleibt riesengroß. Die *rate* ist eine rata (pars), ein «berechneter», «festgelegter» «Teil».

Venture Capital zu vergeben? – Contacten Sie Ihr Asset Management!

Sollten Sie über größere *buying power* (potentia, «Macht») beim Erwerb von Wertpapieren verfügen, dann brauchen Sie nicht mit einem gewöhnlichen Bankberater vorliebzunehmen, sondern sollten den *customer relationship manager contacten*. Der *handlet* (manus, «Hand») die Beziehungen (relatio, Plural relationes) zu den vermögenderen *clients*. Dass er Sie äußerlich zuvorkommend behandelt, ist keine Frage. Hoffen wir aber, dass er bei sich nicht so über Sie denkt wie einst die römischen patroni über ihre clientes. Als «Hörige» galten sie ihren Beschützern nicht viel. Herablassung war die übliche Haltung, die ihnen entgegengebracht wurde. Das *contacten* ist ein lateinisches «Berühren» (contingere, ppp contactus), das auch schon bei den Römern unkörperlich vonstatten gehen konnte.

Sie haben noch mehr *capital* und *raten* (reri, ppp ratus, «meinen», «rechnen») Ihren finanziellen und damit ihren persönlichen *value* (valere, «wert, stark sein») deutlich oberhalb des Abteilungsleiter-*levels* (libella, «kleine Waage»)? Dann ist das *family office* das Richtige für Sie, eine Vermögensverwaltung, die um ihre «Pflicht» (officium) gegenüber Ihrem Familien (familia-)-Vermögen weiß. Ob bei diesem Begriff wirklich echtes Wissen um die altrömischen Verhältnisse Pate gestanden hat? Jedenfalls bezeichneten die wohlhabenden Römer ihren Besitz tatsächlich als res familiaris, «Familienvermögen». Aber vielleicht hören Sie lieber *asset management*, obwohl es so etwa das Gleiche ist? Das weist Sie als in sprachlicher Hinsicht besonders *sensitive* (sentire, «fühlen»), ja als echten Lateinchecker (scacci) aus. Denn *asset* ist aus ad und satis zusammengesetzt: «bis zum Genug». Und das Schöne gerade auf dem *global money market* (mercatus, «Markt») ist ja, dass man selbst bzw. der persönliche *money consultant* (consulere, «beraten») die *limits* (limes, «Grenze») für das «Genug» setzt – und im Zweifel mit Konstantin Wecker «genug ist nicht genug» formulieren kann.

Manchmal geht das *portfolio management* auch ins *risk management* über. Das *portfolio* «trägt» gewissermaßen lose «Blätter» (portare; folium), das *risk* geht vermutlich auf ein vulgärlateinisches resecum, die vom Festland «abgeschnittene» Felsklippe, zurück (Infinitiv: re-secare). Der *change* (cambiare, «wechseln») zum *risk* ist unvermeidlich, wenn Sie Ihr *money* ausdrücklich als *venture capital* zur Verfügung stellen. Wie sich das entwickeln wird, weiß man nicht so genau, weil die adventura, die «kommenden Dinge» (advenire, «ankommen») per definitionem ungewiss sind.

Gewiss ist nur, dass *venture* dasselbe bedeutet wie *adventure* und dass auch das deutsche Lehnwort «Abenteuer» von adventura abstammt. Hier zeigt sich das beruhigende Potential von Denglisch. Oder kämen Sie beim Klartext «Abenteuerkapital» nicht doch ins Grübeln? Würde sich ziemlich abenteuerlich anhören …

Traders, Analysts und andere sprachliche Underperformer – Börsensprache Latein

Aber Sie können sich ja ebenso wie Ihre kleineren Mitspieler in Sachen *capital investment* (investire, «einkleiden», «anlegen») auf verlässliche *security analysts* verlassen, die sich durch einen Vertrauen schaffenden *mix* aus *serious, experienced* und *tricky* auszeichnen, die die *out-* und *underperformer* an der *stock exchange* bestens zu *raten* verstehen, sich dem *shareholder value* verpflichtet fühlen, günstige *occasions* nutzen und bei *QoS-ratings* stets durch *due diligence* und die Befolgung des *compliance code* sowie der *declaration of conformity* ihrer *company* positiv auffallen.

Da ist eine gewaltige Denglisch-Welle über Sie hereingebrochen? Wir sensibilisieren uns mal für den *consumer view* (consumere, «verbrauchen»; videre, «sehen»), geben das einfach zu – und erlösen Sie aus diesem Denglisch-Irrsinn. Und zwar mithilfe unseres probaten Zaubermittels namens *magic Latin* (magicus, gLw, «zauberisch»; Latinus, «lateinisch»). *Security* ist, im eigentlichen Wortsinn verstanden, die Grundvoraussetzung für Bank- und Börsengeschäfte: Sie verhilft uns zur «Sorglosigkeit» im Sinne der «Sicherheit». Der *analyst* ist ein analyticus, ein im Lateinischen selten vorkommendes griechisches Wort, das einen «Auflöser» bezeichnet. Nein, nicht einen, der ihr Vermögen «auflöst», sondern der Ihre finanziellen Angelegenheiten «löst». Dazu muss er sich manchmal gewisser tricae («Ränke») bedienen, hauptsächlich aber serius, «ernst», erscheinen und über experientia, «Erfahrung», verfügen. Es gibt Deutsche, die das denglische *experience* negativ als «Experiment» verstehen. Sie haben, denglateinisch gesehen, gar nicht so Unrecht: experiri heißt durchaus – auch ohne Erfolgsgarantie – «erproben». Aber das trifft ja gerade auf die hochseriöse Branche mit dem erwähnten *quality mix* überhaupt nicht zu …

Die qualitas ist die «Beschaffenheit» und der *mix* leitet sich wie der *mixer* und der deutsche «Mischer» von miscere, «mischen», ab. Die *reliability* (religare, «zurück-, festbinden») der *finance companies* (cum+panis, «gemeinsames Brot») ergibt sich schon allein durch die vielen *audits* (audire, «hören»), die der *evaluation* der *QoS* dienen (evalescere, «stark werden»; *quality of service*: qualitas; servitium, «Dienst»). An erster Stelle steht hier *due diligence*, lateinisch debita diligentia, «die geschuldete Sorgfalt». Sie ist Teil des *compliance codes*, des «Verzeichnisses» (codex) der (Selbst-) Verpflichtung, die es zu «erfüllen» gilt (complere). Dabei «erklären» (declarare) alle Verantwortlichen in aller Form, dass sie sich «konform» (conformis, «in entsprechender Gestalt») mit allen behördlichen oder international verabredeten *standards* verhalten (extendere, «ausstrecken»; unsichere Etymologie).

Klar, dass es bei Aktien nicht immer in ein und dieselbe Richtung geht! Aber dafür gibt's ja die *analysts* und Profi-*traders* (tradere, «übergeben») mit ihren nicht gerade karg bemessenen *annual salaries* und *bonussen*. Welch schreckliche Pluralbildung! Bitte, bitte, liebe Denglisch-Drescher, verwendet wenigstens den richtigen lateinischen – und im Deutschen üblichen – Plural *boni* (bonus, «gut»)! Dann gönnen wir euch auch euer «jährliches» (annualis) «Salzgeld». Das salarium war ursprünglich tatsächlich ein Gehaltszuschuss zum Kauf von «Salz» (sal), das früher erheblich teurer war.

Zurück zu den Aktien: Das Börsennäschen hoch bezahlter *analysts* sollte die jeweilige *performance* einer Aktie vorweg riechen können, wie sie sich «durch-gestaltet» (per-formare), und entsprechende *occasions* (occasio, «Gelegenheit») wittern. Wobei das *price potential* (pretium, «Preis»; potentia, «Macht») mindestens ebenso wichtig ist wie der *value* im Sinne des *total shareholder return* (valere, «wert sein»; totus, «ganz»; re-tornare, «zurück-drehen»). Wenn man «Rendite» dazu sagt, ist's übrigens auch lateinstämmig; das Wort kommt – ebenso wie die «Rente» – von red-dere, «zurück-geben». Da kann man nur hoffen, dass Rente und Rendite ihr etymologisches Versprechen halten!

Rabatt und Sicherheit – Ein Hoch dem Discount Certificate!

Die *stock exchange* ist nur zu 50 % lateinhaltig; ex-cambiare, «aus-tauschen», hat Pate gestanden. Wir schlagen deshalb vor, wenigstens in diesem Fall von der – scheinbar – deutschen «Börse» regeren Gebrauch zu machen. Sie ist nämlich eine gelungene Koproduktion der beiden klassischen Sprachen. Ursprünglich als *byrsa* mit der Bedeutung «abgezogene Tierhaut», «Leder» von den Griechen in die Welt geschickt, entwickelte sich die mittellateinische bursa zum «Lederbeutel» und «Geldsäckchen». Studenten im Mittelalter und in der frühen Neuzeit waren ähnlich knapp bei Kasse wie ihre heutigen Nachfolger. Deshalb bildeten sie schon damals WGs und bezahlten alles aus einer gemeinsamen bursa. So wurden aus den bursantes die «Burschen»: Ob *das* die Burschen von der Börse wissen? Oder gar ahnen, dass manches an der Finanz-bursa, der Etymologie zum Trotz, auf keine Kuhhaut geht?

Sie möchten nicht so gern auf Einzel-Aktien setzen und auch nicht in *derivates* wie *discount certificates* investieren – auch wenn Ihnen der *trader* Ihres Vertrauens dringend und ganz uneigennützig dazu rät, weil es da richtig *value for money* gebe? Die *derivates* sind von den klassischen, aber etwas langweiligen Aktien «ab-geleitete» Finanzprodukte (de-rivare) und zumindest die *certificates* versprechen uns, dass sie «sicher gemacht» sind (certus, «sicher»; facere/-ficere, «machen»). Verführerisch, wenn sie sogar noch mit einem «Abzug» von der fälligen «Rechnung» für sich werben. Der *discount* ist ein zumindest sprachlich etwas widersprüchliches Phänomen. Denn *count* geht auf com-putare zurück, «zusammen-rechnen». Nachdem man zusammengerechnet hat, wird dann noch etwas abgezogen: di-, dis- bedeutet «weg». Gar nicht so häufig, dass die semantischen Oppositionen cum/con- und dis- sich so harmonisch zu einer so begehrenswerten Sache verbinden: Ein Hoch dem *discount*! – auch wenn uns manchmal der Verdacht beschleicht, beim con- sei zunächst ordentlich zugeschlagen worden, damit sich der anschließende Abschlag wirkungsvoll in Szene setzen kann.

Aber Sie sind skeptisch und setzen lieber auf *funds*. Die versprechen etwas sehr Solides, nämlich fundus, «Boden». Schade nur, dass sich immer mal wieder *funds* – insbesondere im Immobilienbereich – eher als Fass *ohne* Boden erwiesen haben. Erstmals kommt da bei diesem Gedanken in unserem zerebralen *memory management* die *suspicion* hoch, dass vielleicht doch nicht alles auf dem *capital market* so in Ordnung ist (memoria, «Gedächtnis»; suspicio, «Verdacht»; mercatus, «Markt»).

«finis finantium» – Finances am Ende?

Haben wir bei unseren kaum getarnten *congratulations* (congratulari, «beglückwünschen») für den *success* (successus, «günstiger Fortgang», «Erfolg») unserer tüchtigen Finanzberater nicht doch eine Kleinigkeit übersehen, die mit «Lehmann Brothers» anfängt, sich über die *subprime crisis* fortsetzt und noch lange nicht zu Ende ist? Gewissermaßen die *total costs* der Gier-Rechnung, für die der *final pay* noch offen ist. Subprime ist ebenso ein Euphemismus wie *crisis*; «unterhalb des Ersten» (sub; primus) hört sich doch ganz harmlos an – zumal unklar bleibt, *wie* weit unterhalb der ersten Bonität diese Kredite rangieren. Und die griechische *krísis*, von den Römern eher selten als crisis bemüht, ist ein Zeitpunkt der «Entscheidung», in dem sich die Dinge zum Schlechten *oder* zum Guten entwickeln können. Tatsächlich scheint *diese* Entscheidung doch schon gefallen zu sein. Zumindest sind die damit verbundenen Kosten gewaltig. Vorsichtshalber sind sie branchenüblich *outgesourct* worden (surgere, «sich erheben», «entspringen»; daher *source*, «Quelle»): Die Staaten werden's schon richten. Eine richtig *peppige variation* (piper, «Pfeffer»; variatio, «Abwechslung») zu dem, was in *compliance codes* so alles über *social responsibility* zu lesen ist (socius, «Gefährte», «Mitmensch»; respondere, «antworten», «geloben»). Vielleicht sollte doch mal jemand diesen *tricky people* (populus, «Volk») von Börse und Bank stecken, woher sich der *finance market*, ihr Spielplatz, sprachlich ableitet. Die *finances* und die «Finanzen» sind die finantia, im Mittelalter die «abschließenden Zahlungen». Das Grundwort indes ist finire, und das heißt «beenden». Schon heute zeichnet sich ab, dass mancher Staat mit seinen Finanzen am Ende ist. Das *global finance system* wohl noch nicht ganz. Aber wer weiß, möglicherweise wollen unsere *money experts* ja wirklich noch *austesten* (testa, «Scherbe», «Schale» für Versuche), ob sich nicht der Zustand der *finances* mit ihrer Etymologie deckungsgleich machen lässt. Das wäre dann im doppelten Sinne ein *capital error* (caput, 1. «Hauptmasse», «Kapital»; 2. «Kopf», um den es geht, wenn es schief geht; error, «Irrtum»).

Möchten Sie, obwohl wir den Banker-*file* eigentlich schon *geclosed* haben (filum, «Faden»; claudere, «schließen») noch ein Denglisch-*statement* (statuere, «festsetzen») kennenlernen, das ähnlich dämlich ist wie der zu Anfang zitierte denglische *hypertext* von Jil Sander? Den *hypertext* haben wir in der Bedeutung «Verweistext» jetzt mal für unseren spezifischen *approach* genutzt (appropiare, «sich nähern»), auch wenn die *expression* gewöhnlich etwas anderes meint (exprimere, ppp expressus, «ausdrücken»). Das griechische *hyper* bezeichnet etwas, das «über» der Normalität ist. Und der *text*? Das ist wenigen bekannt, obwohl wir ständig von Texten sprechen und mit Texten konfrontiert, ja oft genug zugetextet werden: Die Römer nannten ein «Gewebe» textus – «Textil» lässt grüßen –; im übertragenen Sinne ist deshalb der Text ein sprachliches «Gewebe».

Der Bank sei Dank! – Von Eye-Catchern und anderen Fängern

Der folgende Text geistert im Internet herum und wird Hilmar Kopper, dem ehemaligen Vorstandssprecher – ach was: CEO! (*Chief executive officer s. S. 51*) – der Deutschen Bank, zugeschrieben. Es gibt jedoch keine verlässliche *source*, aufgrund derer diese Zuschreibung nachweisbar wäre – anders als bei dem berühmt-berüchtigten *peanuts*-Zitat (pea von pisum, «Erbse»). Es handelt sich sehr wahrscheinlich um ein *fake* (factum, «Gemachtes»), das Denglisch-Gegner dem einschlägig «Verdächtigen» einfach in den Mund gelegt haben, ohne jede *authorisation* wohlgemerkt (auctor, «Urheber»). Unser *claim* (clamare, «rufen») ist also nicht, dass Hilmar Kopper diesen Denglisch-*issue* (ex-ire, «heraus-gehen») in die *public* (publicum, «Öffentlichkeit») *gelauncht* hat (lanceare, ml, «eine Lanze schleudern»; Etymologie unsicher), wohl aber, dass er es hätte sagen können. Getreu dem Motto: *se non è vero, è ben trovato* (wenn es nicht stimmt, ist es jedenfalls gut erfunden).

«... Jeder muss im *job permanently* seine *intangible assets* mit *high risk* neu *relaunchen* und seine *skills* so *posten*, dass die *benefits* alle *ratings* sprengen, damit der *cash-flow* stimmt. Wichtig ist *corporate-identity*, die mit *perfect customizing* und *eye-catchern* jedes Jahr *upgedatet* wird.» (Kursivierung durch K.-W. W.)

Wir machen in aller Kürze die Latein-Probe aufs Denglisch-Exempel: permanere heißt «bleiben», *intangible* ist etwas «Unberühr-bares» (in+tangere+bilis); *assets* und *risk* haben wir ebenso besprochen wie *launchen* (re- drückt eine Wiederholung aus), *benefits* und *ratings*. *Posten* ist neu für uns. Dahinter steckt ponere, «setzen», «stellen». Das Substantiv *post* bezeichnet einen «Posten» oder eben, lateinisch gesprochen, einen postis. *Cash* und *consumer* sind ebenfalls schon behandelt. *Perfect* ist natürlich perfectum, etwas, das «durch und durch gemacht» und deshalb «vollendet» ist (ppp von perficere). Beim *update* bezeichnet der zweite Teil ein datum, etwas «Gegebenes», einen «Termin». Die Firma – oder sagen wir besser: *company* – sollte sich zumindest nach außen als einheitliches corpus *presenten* (corpus, «Körper»; praesens, «gegenwärtig») und damit eine unverwechselbare identitas, «Wesenseinheit» (idem, «derselbe»), *featuren* (facere, «machen»). Tja, und der *eye-catcher* – er bezieht sich eigentlich nur auf eine Teildisziplin dessen, worum es der Branche in der *relationship* zu ihren *customers* auf ganzer Linie geht: *Catchen* ist angesagt. Oder, wie die Römer es ausdrückten: capere, «packen», «fangen».

Vom «computator» zum Computer – *Die alten Römer im Global Village*

Auf die Frage, was ein *computer* sei, hätte Caesar souverän geantwortet: «Ein Rechner» – auch wenn der lateinisch eigentlich computator heißen müsste. Als erster hat der Philosoph Seneca das «Zauber-Wort» benutzt; diligentissimi computatores nennt er Leute, die penibel über ihre Geldgeschäfte Buch führen, «überaus gewissenhafte Zusammenrechner» (ep. 87, 5). Das Verb computare («zusammen-rechnen», «berechnen») kommt häufiger vor. Womit schon mal klargestellt wäre, dass der scheinbar englische *computer*, der unsere moderne Welt beherrscht, in Wirklichkeit ein lateinischer ist.

Von *pervasive computing* sprechen die Denglisch-*maniacs* (mania, gLw, «Wut»), wenn sie betonen wollen, wie sehr unser Alltag von Computern durchdrungen ist. Auch da hätte Caesar sprachlich nicht passen müssen: pervadere heißt «ganz und gar hindurchgehen» oder eben «durchdringen». Für die Allgegenwart von Computern gibt es einen hübschen Begriff: das *ubiquitous computing*. Na, Gaius Iulius, kommen Sie ins Schwitzen? Keineswegs, ubique heißt «überall». Das haben sich übrigens, bevor Denglisch in Mode kam, schon die Theologen und die Biologen in Form von Fremdwörtern zunutze gemacht. Während die einen von der der Ubiquität Gottes ausgehen, bezeichnen die anderen weltweit verbreitete Pflanzen als ubiquitär.

In der Regel wird es sich bei dem Computer um einen PC handeln, der für eine persona, «Person», bestimmt ist und eine ID besitzt, mit deren Hilfe sich «derselbe», idem, zur Not ausfindig machen lässt. Im *identifier* steckt dieses «Machen»: Das Suffix *-fy* ist aus -ficere (facere) hervorgegangen und bedeutet «machen». Auch das *operating system (OS)* des Rechners ist sprachlich in der Antike zuhause: operari heißt «arbeiten»; und systema ist ein griechisches Lehnwort, das ein «zusammengestelltes, aufeinander eingestelltes Ganzes» bezeichnet.

DEL, ENTER, ALT – Berührungen auf Latein

Ohne Tastatur wäre der Computer nur ein halber Mensch. Erstaunlich, welche Denglatein-Tasten uns da ins Auge springen. Wer die DEL-Taste drückt, will etwas *deleten*, «löschen». Er könnte auch lateinisch delere, «vernichten», sagen. Bei der ENTER-Taste tritt man gewissermaßen ins System ein – intrare, «eintreten», hat Pate gestanden. Die Q(UIT)-Taste bewirkt das Gegenteil: Man verlässt das System – und das sorgt, erst recht, wenn man etwas vor neugierigen Blicken zu schützen hat, für «Ruhe», lateinisch quies. Das Adjektiv dazu ist quietus, «ruhig», und dieser Zustand ist auch im Deutschen hergestellt, wenn wir mit jemandem «quitt» sind.

Bei der ESC(APE)-Taste schlüpft der PC-*user* sozusagen «aus seinem Mantel», den er seinem Verfolger auf diese Weise überlässt. ex capa sagte der (mittelalterliche) Lateiner dazu. Klar, dass auch das Regen*cape* davon abstammt. Die ALT-Taste stellt einen *alternate graph* bereit, einen anderen Schriftsatz. alter ist «der andere», alternare heißt «abwechseln». Und das graphium, den «Schreibgriffel», übernahmen die Römer als griechisches Lehnwort. Das Verb *gráphein* bedeutet das, was man auch heute noch mithilfe der Tastatur tut: «schreiben».

Bliebe noch die RETURN-Taste. re-tornare, «zurück-drehen», ist der Ursprung. Und den verdanken wir wie bei den vielen schon behandelten und folgenden Begriffen der IT-Sprache Lateinisch. Wie treu wir ihr ergeben sind, zeigt die Tatsache, dass auch, wer gern die denglateinischen Einzelbegriffe verwendet, häufiger von der Tastatur als vom *keyboard* spricht. Denn in diesem Falle ist mal der deutsche Begriff lateinstämmig: Taste, tasten, Tastatur – darin steckt taxare, «den Wert einer Sache durch Berühren ermitteln», «prüfend betasten».

Vorhin war vom *user* die Rede. Das ist jemand, der den Computer «gebraucht» (uti, ppp usus) und der natürlich auch den *task manager* benutzt. Ein seltener Fall, dass ein *manager* geradezu auf Knopfdruck tut, was er soll. Indem er seine *tasks* erfüllt, zahlt er im ursprünglichen Sinne eine taxa, eine «Steuer». Der entrinnt ja bekanntlich auch der *manager* nicht – es sei denn, er verstünde sich selbst falsch, indem er pflichtwidrig etwas manipuliert. Beide Wörter, *managen* und «manipulieren», leiten sich von manus, «Hand», ab. Über Vermittlung des italienischen *maneggiare* «handhabt» der *manager* bestimmte Abläufe – was er beim französischen *manipuler* – dort noch ohne abwertende Konnotation – ebenfalls tut.

Sie möchten, dass Ihr OS für Sie zu arbeiten beginnt? Aber nur für Sie? Dann sollte der erste Schritt die Eingabe Ihres *passwords* sein, das natürlich auch ein deutsches Passwort sein darf. Bei beiden Begriffen ist der erste Bestandteil ein lateinischer «Schritt», passus, der Ihnen den Zugang zum PC eröffnet – so wie im Fußball ein geschickter Pass des Mittelfeldregisseurs das Spielfeld «öffnet».

Access und Sound Cards – Papyrus meets PC

Ist das geglückt, dann tauchen Sie in die weite Welt der *data* ein, Informationen, die sozusagen «gegeben» sind. data ist Neutrum Plural des ppp von dare, «geben». Was tut man, um diese *data* bloß nicht verloren gehen zu lassen? Man *savt* sie oder, noch eine Spur denglischer, man *savt* sie *ab*. Und das heißt: Man «rettet» sie. Lateinisch gesprochen: salvantur (Infinitiv: salvare). Und wo? In der *memory*, die identisch ist mit lateinisch memoria, dem «Gedächtnis». Auch hier gibt es selbstredend ein *memory management*, das den Speicher «handhabt» oder verwaltet. Das wiederum setzt den *memory access* voraus, den Zugriff auf das Gedächtnis des PC. accedere heißt «herangehen», accessus ist das ppp oder auch das Substantiv, der «Zugang».

Wie meistens, gibt es auch fürs Speichern eine *card*. Die ist ebenso wie ihre deutsche «Kollegin», die «Karte», von lateinisch charta abgeleitet. Die charta bezeichnet ein Stück von der ägyptischen Papyrusstaude, also ein Stück Papier. Kulturgeschichtlich nicht ohne Reiz, wie da ein Pflanzenblatt den steilen Aufstieg u. a. in die Technologie ungleich raffinierterer Sphären der IT-Welt geschafft hat! Man könnte der *card* fast einen vorderen Rang in den *charts* der technisch nobilitierten Begriffe zugestehen – wobei sich auch die *charts* von eben dieser charta ableiten. Das eigentliche sprachliche *copyright* (copia, «Fülle») liegt allerdings bei den Griechen. Auf ihre *chartés* geht die lateinische charta zurück.

Sollte der *worst case* (casus, «Fall») eintreten, will sagen: Sie vergessen es, die *data abzusaven*, dann tröstet uns die als *data corruption* bekannte Panne damit, dass sie wenigstens lateinisch «abgefedert» ist: corrumpere heißt «verderben», corruptio ist die «Verderbnis», der «Zustand der Verdorbenheit». Kein schönes

Wort, aber zumindest eines, an dem wir die Regel aufzeigen können, dass sich das lateinische Suffix -io im Englischen stets zu *-ion* entwickelt (wie übrigens auch im Deutschen).

Hoffen wir aber, dass Sie für die notwendige *data security* hinreichend gesorgt haben und dadurch «sorg-los» sind. Das ist nämlich die Grundbedeutung von se-curus.

Dem Denglateinischen entfliehen Sie nicht, auch wenn Ihr PC im *quiet mode* arbeitet. Das ist der quietus modus, die «stille Art und Weise». Bevorzugen Sie den *silent mode*? Auch der ist dank silens, «schweigend» (Infinitiv: silere), lateinstämmig. Sie sitzen einfach nur untätig vor dem *monitor* und betrachten versonnen das *display*? Der monitor «ermahnt» Sie – zu was auch immer (monere) –, das *display* geht auf lateinisch displicare zurück, «ent-falten», später im Sinne des «Ent-hüllens» und «Zeigens» gebraucht.

Gibt Ihr Computer Töne von sich? Dann gehört zu den *preferences*, «Voreinstellungen» (prae-ferre, «vor-ziehen»), eine *sound card*. Die *card* ist natürlich, siehe oben, eine charta, und der *sound* ist ein lateinischer sonus, «Ton». Schließlich vielleicht noch der *cursor*, der die Stelle markiert, an der Sie gerade «sind». Mit ihm verfügen Sie über ein «Kommunikations-Mittel», dessen sich schon Gaius Iulius und andere wohlhabende und wichtige Römer bedienten, wenn sie eine Nachricht rasch weiterleiten wollten. Ursprünglich ist der cursor ein «Läufer» (currere, «laufen»), der in römischer Zeit mitunter schlicht mit einer befehlenden Handbewegung auf den Weg geschickt wurde, während wir ihn heute mittels einer *mouse* oder «Maus» bewegen. Die heißt auf lateinisch mus und auf Griechisch *mys*, aber trotzdem liegt keine Entlehnung vor, sondern «nur» eine indogermanische Urverwandtschaft – das Tierchen war halt in der Alten Welt ubiquitär. Gleichwohl lässt sich über die Handbewegung des *mouse*-Dirigats ein kleiner etymologischer Schlenker einbauen. Die Handbewegung geschieht über einen Muskel-Befehl – und der musculus ist ursprünglich ein lateinisches «Mäuschen», weil es so aussieht, als laufe bei der Kontraktion ein Mäuschen unter der Haut.

Wenn römische Finger zu Bits werden – Latein für echte Checker

Eine denglateinisch-elegante Überleitung liefert uns das *muscle shirt*, das in deutschen Modekatalogen mit Vorliebe als *sexy* angepriesen wird. sexus aber ist lateinisch das «Geschlecht». Man kann es sich leicht merken, wenn man sich den stolzen *muscle-shirt*-Träger als *sexy* Mäuschen denkt – für bestimmte Typen eine wohlverdiente Strafe.

Nehmen wir an, Sie möchten Ihren PC nutzen, um sich über *muscle shirts* und andere Modeartikel zu informieren. Als Denglisch-*fan* (fanaticus, «schwärmerisch») sprächen Sie zwar eher von *fashion*, aber das käme in Sachen Lateinursprung aufs Gleiche heraus wie die deutsche «Mode». Die geht auf modus zurück, die «Art und Weise», sich zu kleiden, die *fashion* dagegen auf factio, das «Machen», die «Anfertigung». Bevor Sie indes zu den *fashion pages* kämen (pagina, «Seite»), müssten Sie *online* gehen. Darin steckt mit linea, «Linie», wenigstens ein lateinisches Wort, ebenso wie im «Internet» das inter lateinischen Ursprungs ist. inter ist gewissermaßen eine sehr soziale Präposition, die stets verbindet: Sie bedeutet «zwischen». Auch wenn hier nicht der Ort für einen ausführlichen Bericht darüber ist: Wenn der finnische Rundfunk in seinen lateinischen Nachrichtensendungen das Internet erwähnt oder der Papst in einer amtlichen Verlautbarung davon spricht, so ist vom interrete die Rede. Wie viel

Lateinisches darin «abgeht», mag schlaglichtartig der Hinweis beleuchten, dass es auch eine lateinische Version von Wikipedia gibt – mit dem überraschenden Namen *Vicipaedia Latina*.

Egal, ob Internet oder interrete – *online* kommen Sie nur, wenn Ihnen die *data* über schnelle *lines* übertragen werden. Das sind die bekannten ISDN- oder DSL-Verbindungen. Sie sind in aller Munde – aber wer weiß schon, wofür die Abkürzungen stehen? Und dass wir sie ohne die alten Römer so nicht hätten, jedenfalls sprachlich? ISDN steht für *integrated services digital network*, DSL für *digital subscriber line*. Von den sieben Begriffen ist mit *network* gerade mal ein einziger germanischen Ursprungs, alles andere ist Latein. *Service* kennt jedermann als «Dienstleistung». Im alten Rom war diese Dienstleistung nicht ganz so freiwillig; servitium war dort der «Sklavendienst» (servus, «Sklave»). *Line* haben wir bereits als Spätform von linea kennengelernt und *integrated* entspricht *integratum*, «wiederhergestellt», «zurecht gebracht». Das Adjektiv integrum (in+tangere) bezeichnet etwas «Unberührtes», «Unversehrtes». Der *subscriber* schließlich ist einer, der «unter-schrieben» hat (sub-scribere). Das deutsche Fremdwort «Subskribent» ist kaum noch bekannt. Das ist ein «Unterzeichner», der sich als Vorausbesteller eines Buches zum späteren Kauf verpflichtet.

Digitalisierung ist ein Zauberwort unserer Zeit. Das englische *digital* und das deutsche «digital» unterscheiden sich nur in der Aussprache. Ihren Ursprung haben beide Wörter im lateinischen digitus, «Finger». Mit den Fingern kann man zählen, und diese Funktion stand Pate bei der Bedeutungsentwicklung von *digit* zu «Ziffer». Wer etwas digitalisiert, setzt Informationen in Ziffern um. Wobei der Computer ganz schön beschränkt ist: Er kennt nur 0 und 1 bzw. Ja oder Nein – weshalb man auch von *binary digits* spricht. Das sind die berühmten *bits*; binarius/

binary heißt «aus zwei Einheiten bestehend»: Stromstoß oder Strompause.

Wenn Sie das alles *gecheckt* haben, dürfen Sie sich wie ein kleiner König fühlen – und zwar als *checker* in der ursprünglichen Bedeutung des Wortes. scaccus ist der (rekonstruierbare) mittellateinische Begriff für den «König», den es bei einem bestimmten Brettspiel besonders zu schützen gilt. Der Name dieser besonders zu *checkenden* Spielfigur ist auf das Spiel selbst übergegangen: Schach.

Herrschaftliche Domains im Landhaus der Welt – mit der Search Engine leicht erreichbar

So, die Leitungen stehen, und Ihr *service provider* stellt Ihnen den Speicherplatz bereit. Das ist auch sprachlich seine Pflicht und Schuldigkeit: Für den «Dienst» zu «sorgen» (pro-videre, «voraus-sehen» und damit «Sorge tragen»). Auch Ihr Windows *Explorer* ist bereit zum «Erforschen» (explorare) und die *search engine* «sucht» aufgrund Ihrer *query* «einfallsreich» das Netz ab. Sie haben eine «Frage» gestellt (quaerere, «fragen», «suchen») und Ihr Maschinenpartner «sucht» (circare, «rings herumgehen», «völlig durchwandern») – und das mit möglichst viel ingenium. Das ist die «Begabung», das uns Menschen «Angeborene» (in-gignium), das die Engländer ingeniöserweise – na ja – auf einen toten Gegenstand, die *engine*, übertragen haben. Immerhin hat ihm ja menschliches ingenium zu seiner technischen Leistungsfähigkeit verholfen, genauer gesagt, das ingenium von Ingenieuren.

Und das macht ihn in gewisser Weise zum Partner des Menschen, zu seinem «Teilhaber» (pars, «Teil») oder Kompagnon. Das ist ein französischer «Mitesser», mit dem ich mir mein «Brot» teile (cum+panis), so wie der englische *companion* und der deutsche «Kumpan» oder «Kumpel». Als AT-Angestellte sprechen viele lieber von ihrer *company* als von ihrer Firma – ein bisschen kumpelhaft anmutendes Denglisch, das mit seiner Betonung auf panis aber immerhin an den altmodischen deutschen «Brötchengeber» erinnert – auch wenn sie gerade *den* Begriff vermeiden wollen ...

Bei der Internetarbeit an Ihrer *work station* (statio, «Stelle», «Platz», von stare, «stehen») kommen Sie mit weiteren Partnern in *contact* (contactus, «Berührung»): Dem *remote computer* (remotus, «zurückbewegt», «fern») und dem *host* (hospes, «Gastgeber»), der für Ihre *data* Speicher-*capacity* (capacitas, «Fassungsvermögen») bereitstellt, sowie dem *proxyserver*, der in der Nähe Dienst zu tun scheint (proximus, «der nächste»). Und damit Ihre ganzen *search* und anderen *activities* (agere, «tun», «handeln») für Ihre Partner und manche anderen *visitors* (visitare, «besuchen») Ihres Rechners schön nachvollziehbar bleiben, hält ein *transfer protocol* alles fest. Der *transfer* ist wie der Transfer ein lateinisches «Hinüber-tragen» (trans-ferre), das *protocol* dagegen ein griechisches «erstes vorgeleimtes Blatt» einer Papyrus-Schriftrolle (*prótos*, «der erste»; *kólla*, «Leim»): *PC meets papyrus*.

Prima, jetzt sind Sie technisch im *global village* oder auch in der *virtual community* angekommen (globus, «Kugel», «Erdball»; villa, «Landhaus»; virtus, «Tüchtigkeit»; communitas, «Gemeinschaft»). Sie sitzen ganz *relaxt* (relaxare, «wieder lockern») vor Ihrem *monitor* und *cruisen* im Netz (crux, «Kreuz»). Dort stoßen Sie auf *sites*, auf *domains*, auf *home pages*, öffnen und schließen *files*, erfreuen sich an zahllosen *page views* und entrichten hier und da – wer weiß, auf welche *pay site* Sie da ganz zufällig geraten sind – eine *pay charge*. Bei all diesem vermeintlichen Denglisch lässt Sie das Lateinische nie im Stich. Es hat bei allen Begriffen das Erstlingsrecht.

Die *site* ist ein situs, eine schlichte «Lage» oder «Stellung». Da macht die *domain* schon größeren Eindruck, denn sie gibt das dominicium, den «Herrschaftsbereich» eines dominus, «Herrn», an. Die *page* ist eine lateinische pagina, «Seite», *view* verdankt seine Existenz einem lateinischen Sehen namens videre. *Files*, von denen man sich heutzutage verabschiedet, indem man sie schließt, waren in ihrem früheren Leben fila, die man bei einer Trennung abschnitt, nämlich «Fäden». Mit Ihrer Bereitschaft *to pay* stiften Sie pax, «Frieden», die *charge* leitet sich vom carrus, «Karren», ab bzw. von carricare, dem «Beladen» eines Wagens, von dem es zu einer Belastung in klingender Münze kein weiter Weg ist.

Von der Binsenweisheit zum Junk, von der Page Queue zum Schwanz

Und natürlich liegen Ihnen als Herrn oder Herrin über *mouse* und *cursor* alle *e-services* zu Füßen, deren *access* (ac-cedere, «herangehen») das Internet ermöglicht. Vom Lateinischen kommen Sie bei den meisten e-Funktionen auch nicht weg. Im Gegenteil. Da wartet eine breite Palette lateinstämmiger *applications* auf Sie (applicare, «anfügen», «anschließen»). Das *e-* für *electronic* müssen wir allerdings dem Konto des Griechischen gutschreiben. Mit *élektron* bezeichneten die Griechen u. a. den Bernstein als Träger der Reibungselektrizität. Und die Römer nahmen sich ein Beispiel daran: Das lateinische Lehnwort electrum bezeichnet das Gleiche. Mit *e-communication, e-consulting, e-entertainment, e-government, e-publishing, e-trading* und *e-voting* sind wir dann aber wieder auf der ganz sicheren lateinischen Seite: communicare heißt «mitteilen», consulere bzw. consultare «beraten», intertenere «unter-halten», gubernare «lenken», publicare «veröffentlichen», tradere «übergeben» und vovere «geloben», «wünschen».

Womit wir uns begnügen wollen, ohne die viel größere *e-variety* (varietas, «Abwechslungsreichtum») ausgeschöpft zu haben.

Je mehr Sie die Möglichkeiten des *e-markets* (mercatus, «Markt») nutzen, auf umso mehr elektronische Post dürfen Sie sich freuen, darunter auch jede Menge *junk*. Für Sie kein Grund zur Freude? Für uns schon, denn wahrscheinlich geht *junk* auf lateinisch iuncus zurück, die «Binse». Deren Wert wird ja im Deutschen ebenfalls nicht gerade hoch veranschlagt, wie die «Binsenweisheit» zeigt – auch eine Art von intellektuellem *junk*.

Neben den unerwünschten «Binsen» droht freilich noch weiteres Ungemach. Oder sagen wir, unserem Thema angemessener, *trouble*. Mit turba bezeichneten die Römer eine «verwirrende Menge», «Unordnung», «Verwirrung». Manchmal besteht der *e-trouble* darin, dass Ihre *query* in einer *page queue* zum Stillstand kommt. Ihre «Anfrage» landet dann sozusagen hinten am «Schwanz». Nichts anderes bedeutet das Ursprungswort cauda. Manchmal kann man dem *trouble* entgehen, indem man sich auf die *FAQ*-Seite rettet (*frequently asked questions*). Sie flößt uns großes Vertrauen ein, ist sie doch zu zwei Dritteln lateinstämmig. frequens ist «zahlreich» und die *question* geht wie die *query* auf quaerere, «fragen», zurück. Ab und zu aber bekommt man unhöflicherweise gar keine Antwort, sondern stattdessen eine *denial-of-service*-Nachricht. Das Beste an der *DOS-message* (missaticum, das «Geschickte») ist ihre lateinische Herkunft: Das servitium, der «Dienst», ist denegatum, «verneint», «verweigert». Der Grund dafür kommt allerdings meistens von außen, z. B. in Form einer *mail bomb*. Und auch an der finden wir eigentlich nur den sprachlichen Ursprung tröstlich. Ein dröhnendes Geräusch nannten die Griechen *bómbos*, und die Römer fanden diesen lautmalerischen Begriff so eingängig, dass sie ihn als bombus übernahmen und u. a. als *bomb* ans Englische weitergaben.

Gelegentlich kann es ja, wenn's *trouble* gibt, der *webmaster* richten. Als magister, «Lenker», «Lehrer», der auch im deutschen «Meister» präsent ist, sollte er dazu in der Lage sein. Wenn er das Problem allerdings nicht *gefixt* kriegt (fixus, «fest», «stabil», von figere, «heften»), dann kommt der *second level support* ins Spiel. Dessen Seriosität und Kompetenz stehen außer Frage angesichts der Tatsache, dass er durch und durch lateinisch ist: secundus, der «zweite», libella, die «kleine Waage», und sub-portare, «herbeibringen», «unter-stützen». Was nur wieder zeigt: So richtig *online* geht's halt nur mit Latein.

Quod erat demonstrandum.

Marketing als Challenge – *Caesars Wirtschafts-Latein*

«Vorstandsvorsitzender» oder «Sprecher des Vorstands» – solche antiquierten Wortungetüme lassen sich leicht vermeiden. Sagen Sie einfach *CEO* und schon haben Sie das Gleiche ausgedrückt. Und sind zudem zutiefst ins Lateinische abgetaucht. Denn der *chief executive officer* ist nur oberflächlich eine englische Funktionsbeschreibung. Kratzt man ein bisschen am sprachlichen Lack, dann kommen darunter drei lateinische Wörter zum Vorschein. Der *chief* geht – wie der «Chef» – auf caput zurück, «Kopf», «Haupt». Wer zu viele Wildwest-Filme konsumiert hat und den *chief* mit dem «indianischen» «Häuptling» assoziiert, ist also etymologisch auf der falschen Spur. Auch *chief* Winnetou war mal ein caput. exsequi bedeutet «ausführen», bezeichnet demnach gewissermaßen die Exekutive eines Unternehmens. Und der *officer* ist jemand, der sein officium, seine «Pflicht», zu erfüllen hat – oder vielleicht auch in *der* Position seine Pflicht*en*.

Neben dem *CEO* spielt der *CFO* keine unwesentliche Rolle. Man könnte ihn fast als den Finanzchef bezeichnen, aber dann bliebe das anspruchsvoller klingende Denglisch auf der Strecke. Vom Lateinischen aus gesehen würde sich nichts ändern: Die finantia waren im Mittelalter die «abschließenden

Zahlungen» – für klassische Lateiner etwas bitter, dass finire, «beenden», sich diese Partizipienbildung (statt finientia) hat gefallen lassen müssen. Als die finantia ins Deutsche übernommen wurden, war ihr Ruf übrigens schon ruiniert. Für Luther war «Finanzer» ein Schimpfwort; er stellte ihn auf eine Stufe mit «Gurgel- und Kehlstechern». *Das* Wissen kann man ja möglicherweise mal herausholen, wenn einem der *CFO* dumm kommt.

Na ja, vielleicht kommt diese sprachgeschichtliche *message* (missaticum, «Geschicktes») doch nicht so gut an. Auf dem *board level* (libella, «kleine Waage») der Vorstandsetage ist der Sinn für Humor doch eher *reduced* (reducere, «zurückführen»), auch wenn oder gerade wenn er *sophisticated* daherkommt. Mit dem positiv konnotierten *sophisticated* («ausgeklügelt», «kultiviert», «elegant») wird endlich einmal ein Erfolg versprechender Beitrag zur Ehrenrettung der sophistae unternommen. Das waren Philosophen, die ihre «Weisheit» (*sophía*) gegen Geld vermittelten. Keine honorige Sache, fand die Oberschicht, die der Erwerbsarbeit wegen der damit verbundenen Abhängigkeit von anderen ablehnend gegenüberstand, und stellte die Sophisten in die *dégoutant*- Ecke. So auch die Römer, die das sophisticum als «spitzfindig», «*tricky* mit Worten» (tricae, «Ränke») ablehnten und dieses Verdikt in «sophistisch» an uns weitergereicht haben.

Wenn der PR-Manager die Press People brieft – sollte er sich kurz fassen

Zurück zu *CEO* und *CFO*. Sie gehören zum leitenden Management eines Unternehmens, zu denen, die es gewissermaßen in der «Hand» haben und durch ihr «Handling» entscheidende

Weichenstellungen vornehmen. Kein Wunder also, dass manus in *manager* steckt, die «Hand». So unterschiedlich die Zuständigkeiten der *manager* sein mögen, von ihrer lateinischen Verankerung kommen die wenigsten los. Der *manager administration* ist der «Verwaltungs»-Chef (administrare), der *manager central services* ist für die servitia centralia zuständig, die «zentralen Dienste», der *manager production planning* plant die «Hervorbringung» von Waren (pro-ducere). Aber auch das englische wie das deutsche «Planen» ist lateinstämmig. Dahinter verbirgt sich über französische Vermittlung (*plan*) planta, die «Pflanze», das «Gewächs». Der Marktforschungs-Verantwortliche führt den Titel *manager marketing services*. Er sollte sich auf dem mercatus, «Markt», auskennen. Schließlich der *manager global sourcing* – er ist für das Beschaffungswesen verantwortlich und sollte alle *sources* (surgere, «sich erheben», «entspringen») gut kennen, und zwar auf dem gesamten globus («Kugel»). Na ja, vielleicht nur rund ums Unternehmen.

Ganz wichtig: der *PR-manager*. Er ist für die publicae relationes («öffentlichen Beziehungen») zuständig, *brieft* und *debrieft* wichtige *opinion leaders*, verantwortet den *press release* und alle *messages*, die für die Öffentlichkeit bestimmt sind. Exzellente *PR* gehört heutzutage zu den *essentials* (essentia, «Wesen»). Keiner kann es sich leisten, die *press people* zu *neglecten*. Da viele um die Gunst der Vertreter der Öffentlichkeit buhlen, muss man sich «kurz» fassen: In *briefen* steckt brevis. Das *debriefen* ist eine wunderliche Kunstbildung. Es meint die Manöverkritik nach einem bestimmten Vorgang, eine Art Rückblick und Ab-gesang, das abschließende Pendant zum *briefen*. Das wird durch de-, «weg», «herunter von», ganz gut zum Ausdruck gebracht, in der Zusammensetzung aber bedeutet es eigentlich eine Abkehr von der «Kürze». Beginnt jetzt das Schwätzen?

Es gilt, mit «geschickten» Botschaften (missatica, Singular missaticum) auf die opinio, «Meinung», wichtiger Vordenker Einfluss zu nehmen. Wie die «Presse» leitet sich *press* von premere, ppp pressus, ab: Sie «druckt». Das Gesamtvolk nannten die Römer populus, die *people* sind ein Abkömmling davon. Das *neglecten* ist als Denglisch-Vokabel erst im Kommen; wir weisen rechtzeitig darauf hin, dass neglegere «vernachlässigen» heißt. Schließlich der *release*: Dieses «Freilassen» ist ursprünglich ein relaxare, «wieder entspannen». So richtig *relaxed* kommen uns viele *press releases* der Wirtschaft allerdings nicht vor. Nicht selten ist das scheinbare Entspannen für den *communication manager* (communicare, «gemeinsam machen», «mitteilen») *stress* pur (strictus, «straff angezogen»). Wenn seine *performance* (per-formare, «durch-gestalten») als *poor* (pauper, «arm») eingeschätzt wird, kann das mit erheblichem *damage* (damnaticum, «Schaden», von damnare, «verurteilen») für die *company* (cum+panis, «gemeinsames Brot») verbunden sein.

Klos fürs Volk, Facilities für den Art Director

Nicht minder wichtig ist – oder scheint – der *art director*. Er ist der «künstlerische Leiter» (ars, «Kunst»; dirigere, «lenken») der Gesellschaft, der auch für das *advertising* zuständig ist. Werbung? Oh nein, er «lenkt» lediglich die Aufmerksamkeit der *consumers* (consumere, «verbrauchen») «auf» (ad-vertere) die Produkte seiner *company*, manchmal mit *ads* (Kurzform von *advertisement*) in Radio und Fernsehen, manchmal mit *ad letters* (litterae, «Brief»), manchmal auch mit *product placement* in Filmen. Das gilt zwar als unfein, aber höchst effektiv (producere; platea, gLw, «Gasse», «Platz»). Und plädieren nicht das gesamte *marketing management*, das *head office* und die *district managers* in den *branch offices* und all die am *survey* Beteiligten für ein *multi-level-* und *multi-channel-marketing*?

Ein Denglisch-Hagel, der den Außenstehenden zu erschlagen droht? Nicht, wenn er der lateinischen Ursprungssprache mächtig ist. Der *market* ist der mercatus, «Markt», auf dem die römischen mercatores, «Händler», ihre merces, «Waren», verkauften. Das *merchandising* von *fan*-Artikeln, mit dem u. a. Fußballklubs nicht unerheblich Geld verdienen, geht ebenfalls auf den mercatus zurück. Im *office* sitzen Leute, die ihren officia, «Pflichten», nachgehen (sollten), der *district* ist ursprünglich der «Bezirk, der die Stadt umgibt» (distringere, «auseinanderziehen», «teilen»). Während das Deutsche mit «Zweigstelle» die Flora als Vergleichsebene bemüht, stützt sich das englische *branch* auf die Fauna: Ursprungswort ist die spätlateinische branca, «Pfote», die das Deutsche als «Pranke» sprachlich eingemeindet hat. Beim *survey* wird «über etwas geschaut» (supervidere) und damit eine Nachfrage erhoben. *Surveys* haben indes allerorten Konjunktur, keineswegs nur in der Ökonomie. Der Bundesumwelt*survey* und der Gesundheits*survey* sind offizielle, von deutschen Bundesministerien durchgeführte Erhebungen. Beruhigend für die Bürger, dass man so auch in deutschen Amtsstuben den «Überblick» zu gewinnen trachtet – und das sogar in *stylishem* Denglisch!

Bei *multi* sind «viele» im Spiel. Hier verdient das Denglische aus unserem zugegeben etwas pingeligen *view* (videre, «sehen») ein kräftiges Lob, weil es sich die unsägliche «deutsche» Pluralbildung «Multis» (für multinationale Konzerne) verkneift. Es respektiert einfach, dass multi im Lateinischen bereits Plural ist. Dürfen wir in diesem Zusammenhang eine weitere sprachliche Erbsenzählerei anfügen? Wenn wir von *multimedia* oder Multimedia lesen, sträubt sich der Lateiner in uns mit Nachdruck. Warum? media sind «Dinge in der Mitte», ein Neutrum Plural, das als Adjektiv eigentlich auch das Neutrum multa statt des Maskulinums multi verlangt. Kleinkariert, finden Sie? Wenn schon, dann gefällt uns *single minded* besser, weil es wenigstens Denglisch-*gestylt* daherkommt. Der 50 %-Anteil in Form von singulus, «einzeln», begründet freilich bei genauem Hinschauen doch keinen Startvorteil, weil sich auch «kariert» mit quadrare, «viereckig machen», lateinischer Wurzeln rühmen kann.

Bleiben noch *level* und *channel* zu klären. Im ersten Falle steht die libella, «kleine Waage», am Anfang der denglateinischen Wortkarriere, im zweiten der canalis. Darunter verstanden die Römer eine «Röhre», «Rinne» – oder eben einen Wasser-«Kanal».

Von den vielen Führungspositionen im Unternehmen wollen wir am Ende noch den *facility manager* herausgreifen. Man könnte ihn als Leiter der zentralen Dienste bezeichnen. Das wäre verständlich, aber weniger klang- und geheimnisvoll. Was sind *facilities*? Das Lateinische gibt mit facilis, «leicht zu tun», die Antwort: «Machbarkeiten», «Möglichkeiten». Um das nicht nur Mögliche, sondern gelegentlich auch Unabwendbare machbar zu machen, haben die Menschen Toiletten, Klos, Latrinen oder Aborte ersonnen. Denglisch-*fans* war es vorbehalten, diese loci necessitatis, «Orte der Notdurft», als *facilities* ins Deutsche einzuschleusen.

Ob das der *facility manager* so gern hört? In der Regel wohl nicht. Es sei denn dort, wo man unter dem schönen hochtrabenden Begriff noch etwas ganz anderes versteht: Hier und da wird als *facility manager* tatsächlich derjenige bezeichnet, den wir Schlichtgemüter früher ganz einfach als «Hausmeister» angesprochen hätten.

Berühren, drücken und hineinblasen – so geht Human Engineering

Wir hätten wohl auch arglos von «Personalverwaltung» gesprochen. Diese etwas altfränkisch anmutende Ausdrucksweise wird heute vielfach sprachlich *upgegradet* (gradus, «Schritt») zu *human resource* bzw. *human resource department. Department* ist, wenn nicht alles täuscht, ganz schwer im Kommen. Universitäten, die in Sachen *excellence* (ex-cellere, «heraus-ragen») die Nase vorn haben wollen, benennen ihre Fakultäten oder Abteilungen in *departments* um: de- bzw. dis- heißt «weg», partiri «teilen». Ein *department* ist also, Schreck lass nach, eine «Ab-teilung».

Andererseits – *human resource* ist eigentlich übler. Es degradiert Beschäftigte sozusagen zum «menschlichen Nachwachsmaterial» (humanus, «menschlich»; resurgere, «wieder entspringen»). Zu den wichtigsten Aufgaben dieses *departments* gehört das *recruiting* von *manpower*. In *power* steckt potentia, «Fähigkeit», «Macht» – immerhin ein kleines Zugeständnis an das Selbstwertgefühl der Leute, die man beim «Nachwachsen» unter die Lupe nehmen muss: Dem *recruiting* liegt re-crescere, «nachwachsen», zugrunde. Es gilt, *high potentials* ausfindig zu machen – womit wir erneut auf potentia stoßen –, aber auch den Eigen-*value* der Leute zu stärken (valere, «kräftig», «wert sein»), damit sie für das Unternehmen ordentlich *powern*. Richtig, schon wieder potentia. Eine Prise *human touch* ist da nicht verkehrt, *incentives* können Motivations-Wunder bewirken, aber das Ganze sollte ein modernes *management* mit dem notwendigen Maß an *pressure combinen* – das ist der zentrale *issue* in den modernen *labour relations*.

Wenn man Menschen psychisch «berührt» (tangere), dann ist das ein positiver *human touch*; das vulgärere *betouchen* ist zu physisch und hat im Betrieb schon mal gar nichts zu suchen. Durch einen *incentive* werden den Mitarbeitern bestimmte Anreize und Belohnungen «hinein-geblasen» (in-cinere), durch *pressure* dagegen ein «Druck» (premere) auf sie ausgeübt. Beim *combinen* wie beim Kombinieren werden «je zwei zusammen» gebracht (con-, bini). Und die *labour relations* sind, auch für die alten Römer verständlich, die laboris relationes, die «Arbeitsbeziehungen». Wenn der *issue* nicht nur ein «Thema» oder eine «Problemstellung» ist, sondern wirklich etwas dabei «herauskommt», so ist der Etymologie Genüge getan: Das Ausgangswort ist ex-ire, «heraus-gehen».

Zu den *essentials* jedes *human engineering* (ingenium, «Begabung» – hört sich im Lateinischen doch viel netter an, nicht wahr?) zählt die Herausbildung eines *junior managements*, das sich ebenso durch hohe *qualifications* wie durch hohes *commitment* auszeichnet. Die «Jüngeren» (iuniores) sollen sich «mit den (gewünschten) Eigenschaften versehen» (qualificare, ml, aus qualis, «wie beschaffen», und facere, «machen») und «sich» zugleich der *company* «verbinden» oder sogar «preisgeben» (se committere).

Achtung, Career Check – Vom Yuppie zum Fruppie

Das Sprungbrett zur Karriere ist oft der Einstieg als *trainee* – in dieser *position* wird man zu den Einstellungen und Verhaltensweisen «ge- und erzogen» (trahere), die dem *corporate spirit* entsprechen – auch wenn dieser *spirit* mit wahrem «Geist» (spiritus) nicht allzu viel zu tun hat. *Corporate* – das ist das Zauberwort, die Gewähr gleichsam für das Optimum an *image*, *efficiency* und *proceeds*. Nur wer «sich» zu einem wirklich einheitlichen corpus, «Körper», «formen» kann (incorporare), wird sein «Bild» (imago) in der Öffentlichkeit, seine «Wirksamkeit» (ef-ficere, «aus-machen», «bewirken») und seine «Erträge» (pro-cedere, «voran-schreiten») stetig verbessern.

Was noch zur *corporate appearance* (apperere, «erscheinen») gehört? Eine *corporate identity* (idem, «derselbe»), ein *corporate design* (designare, «bezeichnen»), eine *corporate language* (lingua, «Sprache»), eine *corporate governance* (gubernare, «lenken»), eine *corporate communication* (communicare) und eine *corporate culture* (cultura, «Bildung»). Und, um der *political correctness* willen (politicus, «den Staat betreffend»; correctus, «richtig»), eine zutiefst empfundene *corporate responsibility* respektive *corporate social responsibility*, mit der man den gesellschaftlichen und sozialen (socius, «Gefährte», «Mitmensch») Ansprüchen «entspricht» (respondere, «antworten»). Und wo lernt man all das in ganz konzentrierter Form? Aber sicher: auf der *corporate university*. Das hätte früher die universitas, die «Gesamtheit» der Lehrenden und Lernenden an Hochschulen, mit etwas mitleidigem Lächeln als «Aus- oder Weiterbildungszentrum» eines Betriebs herabgestuft. Aber wer Fakultäten durch *departments* ersetzt, wer in fester Denglisch-Treue den baccalaureus als *bachelor* und den magister als *master* wiederentdeckt, der braucht sich nicht darüber zu wundern, wenn die Wirtschaft ihre Ausbildungscamps (campus, «Feld», «Lager») zu *universities* sprachlich *upgradet* (gradus, «Schritt»).

Sie sind irritiert ob des etwas dumpfen *sounds* (sonus, «Ton») einer denglateinischen Sarrazinade? Sie haben Recht. Da war einiges, da ressentimentbeladen, gedanklich und sprachlich *off limits* (limes, «Grenze»). Wir würden *sorry* sagen – wenn das lateinischen Ursprungs wäre. So können wir uns allenfalls mit einem *nobody is perfect* aus der Affäre ziehen, da mit perfectus, «vollständig», wenigstens *ein* lateinstämmiger Anglizismus vorliegt. Wir geloben Besserung und verordnen uns ein *sensitive training* (sentire, «spüren»; trahere, «(er)ziehen») in Sachen Mit-der-Zeit-gehen.

Und kehren in unser hoffnungsvolles *manager recruitment center* zurück. Aus *trainees* werden gut verdienende, blendend aussehende, lebensfrohe *junior manager*. Etliche von ihnen zählen zur Kaste der *yuppies*. Die *young urban professionals* verdanken, mag das auch den wenigsten von ihnen bewusst sein, ihre sprachliche Existenz zu zwei Dritteln den alten Römern. Die nannten eine große «Stadt» urbs; das Adjektiv urbanus bezeichnet auch städtische Kultiviertheit im Gegensatz zur bäuerlichen rusticitas, auf die die zivilisatorisch überlegenen Städter schon damals mit urbanem Lächeln herabschauten. Im *professional* steckt die professio, das «öffentlich angemeldete Gewerbe», der «Beruf». Gönnen wir es den *yuppies*, dass sich ihre *career* (carraria via, «Straße für Karren») stetig nach oben entwickelt und ihre Geschäfte und Gehälter *boomen*. Allerdings liegt zumindest im sprachlichen Ursprung des *booms* eine Warnung, dass es irgendwann zum Knall kommt: bombus, ein Lehnwort aus dem Griechischen, bezeichnet lautmalerisch einen «dumpfen Ton», ein «Brummen», das auch schon mal in ein Dröhnen übergehen kann. *Boom* und «Bombe» stammen vom selben Wort ab.

Wenn es soweit ist, wird dann – wir müssen *cost effective* sein, Sie verstehen (constare, «kosten»; efficere, «bewirken») – schon mal eine Abteilung *outgesourct* oder *outgeplact* und manchen vielversprechenden a*lumni* (alere, «ernähren») der *corporate university* mit einem aufmunternden «*Change als challenge!*» der Stuhl vor die Tür gestellt (cambiare, «ändern»; calumnia, «Rechtsverdrehung», «Verleumdung»). Tröstlich, dieses *announcement* (adnuntiare, «an-melden») wenigstens aus dem Munde eines leibhaftigen *office managers* zu vernehmen. officium ist die «Pflicht», und wer ist prädestinierter zur Pflichterfüllung als eine treue, zuverlässige Frau? Richtig, die Dame, die das *office managt*, ist keine andere als die Sekretärin. Spätestens diese *message* macht aus dem *yuppie* im Nu einen *fruppie*. Und der ist zu 100 % lateinstämmig: *fr-* steht für *frustrated*, und frustra sagten die alten Römer, wenn etwas vergeblich war.

Latein – Wichtigstes Glied in der Value Chain sprachlicher Nachhaltigkeit

Das Denglisch der Wirtschaft – Caesar hätte kein – nun ja, kaum ein – Problem damit gehabt, sich in dieser sprachlichen Welt zurechtzufinden. Weitere Beispiele gefällig? *Please* (placere, «gefallen»): *Profit* und *commerce, promotion* und *processing, demand* und *delivery, distribution* und *acquisition, limited edition* und *surplus, value chain* und *vendor, turnover* und *return, sample* und *schedule* – alles Latein.

pro-ficere heißt «nach vorn» und damit «Fortschritte machen»; dieser Fortschritt stellt sich beim commercium, «Handel», als «Gewinn» dar. Beim pro-cedere «schreitet» etwas «nach vorn», das Substantiv processus beschreibt einen «Fortgang» einschließlich der «Verarbeitung». Freilich, das Verarbeitete muss noch «weiter nach vorn bewegt» werden (pro-movere), an den *customer* nämlich, den «Kunden» (consuetudo, «Gewohnheit»). Bei ihm muss eine Bereitschaft zum «Übertragen» der Ware an ihn (de-mandare) da sein oder geweckt werden. Mit der «Lieferung» schließlich macht sich der Anbieter «frei» von der Verpflichtung, die er eingegangen ist (deliberare, ml Bedeutung: «befreien»).

Der *acquisition* von Kunden (ac-quirere, «erwerben») folgt die *distribution*, die «Verteilung» der Ware (dis-tribuere, «ver-teilen»). Mitunter kommt es vor, dass man den Markt falsch eingeschätzt hat, dann bleibt man auf Überbeständen (super, «darüber»; plus, «mehr») hängen. Die deutlich günstigere Verständnisvariante von *surplus* ist «Gewinnüberschuss». Der wird gern mit dem Eindruck einer «begrenzten Herausgabe» (limitare, «abgrenzen»; editio, «Ausgabe») erzielt; dabei hofft der *vendor* (vendere, «verkaufen») auf schnellen Umsatz aufgrund tatsächlicher oder vermeintlicher Verknappung seines Produkts.

Die *value chain* als Wertschöpfungskette speist sich aus valere, «stark sein», und catena, «Kette». Beim *turnover* «dreht» sich etwas, nämlich der Umsatz (tornare); beim *return* dreht sich etwas «zurück» zum Hersteller, nämlich der Ertrag (re-tornare). Und alles Marktgeschehen sollte natürlich dem *schedule* verpflichtet sein, dem «Zeitplan», der sich aus einem ursprünglich ganz harmlosen «Blättchen Papier» (schedula) entwickelt hat. *Samples* sind «Warenproben», lateinisch exempla, «Beispiele» – so wie wir die große weite Welt des Wirtschafts-Denglisch in diesem Kapitel auch nur *sampeln* konnten.

Und welchem großen Ziel ist alles wirtschaftliche Handeln, glaubt man zumindest den Beteuerungen und *compliance codes* (complere, «erfüllen»; codex, «Liste») aller Handelnden, verpflichtet? Genau – der *sustainability*, der Nachhaltigkeit. Das Wort leitet sich von *sustinere* ab, «aufrecht erhalten», «bewahren» (-bilis/*-ble*, «-bar»; *-ty* für lateinisch -tas: Substantiv, das eine Eigenschaft bezeichnet). Jedenfalls in *einem* Punkte hat die Wirtschaft Wort gehalten: dass sie qua Denglisch den *value* der lateinischen Sprache aufrechterhält, ja ihn sogar *promotet*. Wenn das keine *success story* (successus, «Fortgang», «Erfolg»; historia, gLw, «Geschichte») mit gewaltigem *profit* und *benefit* (benefactum, «Wohltat») ist für alle, die sie gelernt haben und lernen!

Pep, Pop und Peep in der City – *Wo Denglisch im Alltag boomt*

Dazu brauchen Sie nicht nach London zu *jetten* (iactare, «schleudern»), um Ihr Englisch *aufzubrushen* (bruscia, ml, «Dickicht»; Etymologie unsicher). Es reicht, wenn Sie sich auf Ihr *bike* schwingen und in die *city* fahren. Das *bicycle* ist eine Hybridbildung aus den beiden alten Sprachen: Eine Kombination von lateinisch bi-, «zweifach», und griechisch *kýklos*, «Kreis». Allerdings haben schon die Römer den *kýklos* als cyclus übernommen. Trotzdem schreiben wir dem Griechischen einen *assist* zu, wie man neuerdings im Fußball die Vorlage für einen erfolgreichen Torschuss nennt (assistere, «beistehen», «unterstützen»).

Dürfen wir einen Vorschlag zur weiteren gesellschaftlichen Aufwertung des Fußballs machen? Man könnte den glücklichen Hilfs-Torjägern statt *assists* vielleicht *credit points* gutschreiben. Das hätte einen akademischen *touch* (erschließbares toccare, vl, «die Glocke schlagen»), da ja auch an deutschen Unis mittlerweile die Jagd auf diese denglischen «Kreditpunkte» eröffnet ist (credere, «glauben», «vertrauen»; punctum, «Gestochenes», «Einstich»). Unsere Anregung würde sich auch recht harmonisch der *pointmania* unterwerfen, die wir allerorten im Denglisch-Land feststellen können: Am *infopoint* lassen wir uns wissensmäßig «in

Form bringen» (informare), am *point of interest* bleiben wir stehen, um «dazwischen zu sein» (inter-esse), aus dem *point of consider* (sic!) (considerare, «erwägen») machen wir im Rückzugsgefecht pro Deutsch vielleicht doch einen *point of conflict* (con-fligere, «zusammen-stoßen»), weil wir den guten alten «Standpunkt» verteidigen. Gleichwohl machen wir dabei wohl keinen *big point*, da, wie jeder sprachliche *pointer* («Zeiger») uns klarmacht, wir in Sachen *point* längst am *point of no return* angelangt sind (re-tornare, «zurück-drehen»). *No chance* (cadentia, «das Zufallende») also für den deutschen «Punkt»? Doch, eine noch. Man kann abschweifende *points of discussion* (discussio, «Erschütterung») mit einem energischen «Punkt!» beenden.

Zurück zum cyclus! Einen noch größeren Denglisch-Triumph als im *bicycle/bike* feiert er im *recyceln*. Das kommt mittlerweile jedermann leicht über die Lippen. Gegenüber dem deutschen «Wiederverwertung» ist, das müssen wir einräumen, das *recycling* anschaulicher, insofern es die «Wieder»(re-)-Einspeisung in den Wert-«Kreislauf» betont.

Spoiler, Vanity Number, GPS – mit lateinischem Schnickschnack ins City Center

Statt mit dem *bike* können Sie als *sportiver* Typ (deportare, «wegtragen», «vergnügen») natürlich auch aufs *cross bike* steigen (crux, «Kreuz») oder sich, noch sportiver, in Ihr *crossover SUV (sport utility vehicle;* utilitas, «Nutzen»; vehiculum, «Fahrzeug») fallen lassen und lässig in der *city herumcruisen* (erneut crux, «Kreuz»), vielleicht sogar, obwohl das deutlich weniger *pep* (piper, «Pfeffer») hat, zusammen mit Ihrer *family* (familia, «Familie»).

Sollten Sie einen SUV oder ein ähnliches Gefährt in Ihrem *carport* stehen haben (*car* geht auf carra/carrus zurück, die auch in der deutschen «Karre» weiterleben; portus, «Hafen»), dann haben Sie bestimmt auch eine Vorliebe für *spoiler* und *vanity number*. Was wir überhaupt nicht *strange* finden (extraneus, «außen befindlich», «auswärtig»), weil es unserer Latein-*passion* (passio, «Erleiden»; die englische Bedeutung hat sich, bevor das jetzt jemand falsch versteht, sehr viel günstiger entwickelt!) sehr entgegenkommt. Sollte sich mit den Begriffen ein *secret* verbinden (secretum, «Abgeschiedenes», «Geheimnis»), dann lüften wir das jetzt mal: Der *spoiler* geht zurück auf spoliare, «berauben», «wegnehmen». Er ist der «Wegnehmer» von Luftwiderstand. Und die *vanity number* Ihres Autos, bei der Sie z. B. Ihre Initialen, Ihr Geburtsjahr oder andere wichtige Stützen Ihrer *personality* (persona, «Person») qua Nummernschild preisgeben, ist lateinisch ein numerus vanitatis. numerus ist natürlich die «Zahl», vanitas die «Eitelkeit», lange Zeit vom christlichen *point of view* (videre, «sehen») eine Todsünde, heute im allgemeinen *performance contest* (per-formare, «durch-und-durch-gestalten»; contestari, «gemeinsam bezeugen») eine bare Notwendigkeit.

Die Fahrt im SUV oder MPV (*multi purpose vehicle*; multi, «viele»; propositum, «Absicht») hat einen weiteren Vorteil: Sie sind, wenn Sie in der *city* angelangt sind, nicht so *ausgepowert* (potentia, «Fähigkeit», «Macht») und können Ihre *attention* (attendere, «hin-lenken») ganz auf die Denglisch-*variety* (varietas, «Vielfalt») richten, die Sie dort erwartet. Sollten Sie angesichts der vielen *streets* (via strata, «gedeckte Straße») auf dem Weg und in der *city* Orientierungsprobleme haben, so *tunen* Sie doch einfach Ihr *GPS* auf den *active mode*. Unsere *acclamation* (ac-clamare, «zu-rufen») haben Sie dabei wegen der Lateinfülle allemal. Beim *tunen* hat *tonus*, «Ton», Pate gestanden (o.k., ein weiterer *credit point* ans Griechische), bei *active* agere, «handeln», und beim *mode* der modus, die «Art und Weise». Und auch das *global positioning system* greift bei aller Modernität komplett auf die beiden Alten Sprachen zurück: globus, die «Kugel», positio, die «Stellung», «Lage», sowie das griechische *systema*, ein «zusammengesetztes Ganzes».

So, jetzt sind sie aber endlich – unsere *excuses* für die Verzögerungen (excusare, «entschuldigen») – in der *city* angekommen. Wohin Sie etymologisch auch gehören: *city* geht auf civitas, «Bürgerschaft», zurück, und als civis, «Bürger», sind Sie dort absolut richtig – wobei Sie sich natürlich nicht jederzeit im *city center* aufhalten müssen. Das *centrum* ist, ein erneuter *credit point* ans Griechische, ursprünglich ein *kéntron*, eigentlich der «Stachel des Zirkels», der ja auch den «Mittelpunkt» markiert.

Wie man einen hübschen Schreibgriffel zum Beauty Styling aufpeppt

Für Denglisch-*fans* ist so ein *city center* das wahre Paradies. Ihre *expectations* (ex-spectare, «aus-schauen», «erwarten») dürften hier bei Weitem übertroffen werden – sofern Sie die Augen offenhalten. *Just try it and enjoy*! (iustus, «gerecht», «richtig»; tritus, ppp von terere, «zerreiben», Etymologie unsicher; gaudium, «Freude»). Sie werden sehen: An allen Ecken *peppt, poppt* und *peept* es nur so. *Pep* und *peppig* – das bringt «Pfeffer» (piper) in die Dinge, *pop* und *poppig*, das macht sie beim populus, «Volk», beliebt, und das stark mit *sex shows* (sexus, «Geschlecht») verbundene *peepen* ist wohl ursprünglich – ganz eindeutig ist das nicht – geradezu zum «Piepen» (pipare oder pipire). Im Spätlateinischen wird pipa zur «Pfeife», so dass Sie sich auf das, was wir sonst noch so in der Denglisch-*pipeline* haben, ein fröhliches Latein-Liedchen pfeifen können (linea, «Linie»). So gesehen, könnten Sie der Meinung sein, Denglisch habe Pfiff. Aber nur so gesehen.

Eigentlich wenig überraschend finden sich die gnadenlosesten Denglisch-*presenter* (praesens, «gegenwärtig») überall da, wo es um *lifestyle* geht, wo Profi-*stylists* anbieten, uns zeitgemäß zu *stylen* und uns *stylish* wirken zu lassen, damit wir «angesagt» sind – oder jedenfalls das Gefühl haben, es zu sein. Eine bemerkenswerte Karriere, die der stilus, ursprünglich der «Schreibgriffel», da hingelegt hat! Am Anfang dieser Erfolgs-story (historia, gLw, «Geschichte») stand die Bedeutungserweiterung in Richtung «Ausdrucksweise», «Stil». Sie ist schon in römischer Zeit erfolgt. Vom Schreib- zum allgemeinen «Stil» war es kein weiter Weg – die Geburtsstunde des *stylens*, dem wir uns zu fast jedem Preis verpflichtet fühlen.

Lässt der «Stil» noch auf innere Werte und Verhaltensweisen schließen, so konzentriert sich das *stylen* vornehmlich auf Äußeres. Dem *hair* und *nail stylist* geht es darum, unsere *beauty* (bellitas, «Schönheit») *aufzupeppen*. Das geschieht u. a. mit *conditioner*, der uns das Haar in eine haltbare condicio, «Verfassung», «Zustand», bringt. Auch mittels Färben? Wo denken Sie hin? Färben war gestern, heute firmiert das unter *colouring* (color, «Farbe») und ist natürlich wesentlich effektiver als das schlichte deutsche Färben. Zu den weiteren *offers* (of-ferre, «entgegen-bringen», «anbieten») der *beauty industry* (industria, «Fleiß») zählen u. a. der *eyeliner* (linea, «Linie») und das *face powder*. Das haben wir besonders lieb, speist es sich doch zu 100 % aus dem Lateinischen: facies, «Gesicht»; pulvis, «Staub». Und außerdem gehörte das schon bei den römischen Schönen zu den Geheimnissen des Schönheits-*stylings*. Wer mehr darüber erfahren möchte, lese Ovids «Liebeskunst» oder sein (fragmentarisch überliefertes) Lehrgedicht über die «Pflege des weiblichen Gesichts».

Römische Damen hätten allerdings im Unterschied zu ihren deutschen «Nachfolgerinnen» 2000 Jahre später einen großen

Bogen um den *sun point* und andere Etablissements der Bräunungsbranche gemacht – statt *black ist beautiful* hätte es damals *pale is beautiful* heißen können (pallidus, «blass»). Immerhin: Für den *point* in *sun point* gibt's einen *Latin point.*

In *beauty centers* werden uns gern auch *lotions* angeboten, die uns noch schöner zu machen versprechen, lateinisch ausgedrückt lotiones, «Waschungen» (Verb: lavare). Zu den *special offers* (specialis, «besonders») gehören vielerorts auch – nein, nicht Pediküre und Maniküre, sondern – *pedicure and manicure* (so gesehen in Bochum in einem Laden, der mit der nicht unpeinlichen, weil falschen Apostrophierung *star nail's* für sich wirbt). Römische Damen hätten sofort gewusst, worum es geht: pes ist der «Fuß», manus die «Hand», cura die «Pflege». Beim *lifting treatment* hätten sie allerdings nur beim zweiten Wort anknüpfen und trotzdem vielleicht auf das Richtige kommen können: Das Grundwort trahere bedeutet «ziehen».

Studios zum Renicen – Blöd durch Anti-Ageing Treatments?

Das *Babor reality spa* in Leipzig scheint sich mit seinem Namen gegen die bloße Illusionswelt der *beauty industry* zu wenden. Dort versprechen sie «wirkliche Dinge» (realis, Adjektiv zu res, «Sache», «Ding»). Wir bleiben misstrauisch, auch wenn uns das *spa* sehr zusagt. Das ist nämlich weder Englisch noch Denglisch noch Denglatein, sondern pures Latein: Die Abkürzung von sanus per aquam, «gesund durch Wasser». Dass *skincare* eine *science* ist, erfahren wir in einem anderen Schaufenster; scire heißt «wissen», scientia ist das Substantiv dazu («Wissen»), bei den Römern noch nicht einseitig in Richtung «Naturwissenschaft» festgelegt.

Sehr gern firmieren die *beauty locations* (locus, «Ort») auch als *studios*. Das stärkt unser Vertrauen, wird doch hartes «Bemühen» (studium) um unser körperliches *renicen* in Aussicht gestellt. Wir treffen auf *waxing studios* und *lens studios* (lens, «Linse»), auf *hair studios* und *tattoo studios* und natürlich auf ganz viele *beauty studios*. Freilich, die Sache mit dem *renicen* ist zumindest etymologisch nicht so ganz ohne. Gemeint ist «aufhübschen», allerdings führt *nice* seinen Ursprung auf nescius zurück, «unwissend». Wollen wir uns in diesen Etablissements wirklich «wieder (re-) unwissend» machen lassen?

Warum eigentlich nicht, zumal wenn die *nice lady* hinterm *counter* (im Mittelalter das computarium, die Theke des Geldwechslers, wo er die Summen «zusammen-zählte», com-putare) mit einem *nice price* (pretium, «Preis») für das *complete treatment* (completus, «vollständig») lockt? Vielleicht ein *anti-ageing* mittels *permanent make-up* und *face powder* gefällig? Gern, wenn der *liquid eyeliner*, das *reactivating oil*, ein paar *direct beauty fluids* und vorher eine *calming sensitive mask inclusive* sind!

Wirklich alles? Ja, alles Latein: *age* kommt von aevum, «Lebensalter», permanere heißt «fortdauern», *oil* ist oleum («Öl»), liquidus und fluidus sind «flüssig», directus meint «gerade». cauma, die «Mittagshitze», rät zum *calming*, sensus sind die «Sinne» (Verb: sentire, «spüren», «fühlen»). Und die *mask*? Sie geht auf die mittellateinische masca zurück, die schon damals u. a. «Maske» bedeutete. Und was noch? Wir sagen es, gerade in diesem Zusammenhang, sehr ungern: «Fratze». Während *inclusive* auf ein ordentliches altlateinisches Verb (in-cludere, «ein-schließen») zurückgeht, ist *to reactivate* eine «neulateinische» Bildung aus re-, «zurück», und agere/agitare, «treiben». Fehlt nur noch das *anti*: Das ist – schon der vierte *credit point*! – genuines Griechisch und heißt «gegen».

Manche *beauty studios* werben auch mit *air condition*. Da wird die «Luft», *aer*, in eine bestimmte «Verfassung», condicio, gebracht, die einen *visit* (visitare, «besuchen») noch angenehmer macht und einfach zusätzlich *flair* verbreitet, der alles, jedenfalls aus etymologischer Sicht, gut riechen lässt. In *flair* steckt flagrare, ursprünglich «brennen», dann auch «gut riechen».

Diesen Wohlfühl-Faktor wird man in einer anderen Art *studio* wohl vergeblich suchen, auch wenn es sich ebenfalls der Verschönerung unseres Körpers verschrieben hat. Die Rede ist vom *piercing studio*. Aber wenigstens geht's dort lateinisch zu. Glauben Sie nicht? Können Sie aber: *To pierce* leitet sich mit großer Wahrscheinlichkeit von per-tundere ab, «durch-stoßen», «durch-bohren». Die Römer verwendeten das Wort im Zusammenhang mit Eiern, Fässern oder Würfelbechern. Auf die Idee, das mit der eigenen Haut zu machen, sind sie nicht gekommen. Aber sie waren zivilisatorisch ja auch noch nicht so weit entwickelt wie wir.

Fashion und Models – Eine Glamour-Welt mit enger Verbindung zur Latein-Grammatik

Eine andere Branche verwöhnt uns ebenfalls reich mit Denglisch-Vokabular: Die *fashion people* (populus, «Volk»). Die *fashion* ist von ihrem Ursprung her nicht gerade *fashionable*. Sie bezeichnet ursprünglich nur eine factio, ein «Machen». Ähnlich schlicht kommt das *outfit* daher; *fit* geht gleichfalls auf factum, «gemacht», zurück. Aber die Branche hat es verstanden, diese enttäuschenden sprachlichen Anfänge hinter sich und zahllose Menschen zu *fashion victims* werden zu lassen (victima, «Opfertier»), die ihr *money* (moneta, «Münze») nur zu gern zu *Mister Fashion*, *Mister Big* und ihren Kollegen tragen. Diese *misters* erweisen sich als wahre magistri, «Lenker», «Leiter», nicht nur unserer Modewünsche, sondern auch unserer Geldbörse. Klar, dass da auch *Miss Sixty* ihr Stück vom lukrativen *fashion*-Kuchen einfordert, obwohl sie, o, là là, etymologisch gesehen einen ziemlich verruchten Namen trägt: *miss* ist eine Kurzform zu *mistress*; und unter dieser magistra verstand man mal eine «Herrin», die wir auch als «Mätresse» kennen – eine Bedeutung, die das Wort immer noch nicht völlig abgelegt hat. Aber gut. In Verbindung mit *Sixty* liegt dieses Verständnis nicht so nahe.

Wir sind ja schon im *preface* (prae-fatio, «Vor-wort») unseres Büchleins auf die Denglisch-Künstlerin Jil Sander gestoßen. Sie ist in Sachen Wortschöpfung nicht minder *creative* (creare, «schaffen») als in Sachen Modeschöpfung – hier allerdings hatte sie, das darf man wohl doch, ohne ihr sprachliches *potential* (potentia, «Können», «Macht») unangemessen zu *reducen* (reducere, «zurück-führen»), sagen, den (noch) größeren *success* (successus, «Erfolg») – eine *designerin*, die wusste, was ankam. designare, «bezeichnen», «anordnen» – das ist die sprachliche Grundlage für das, was die Modewelt so *unique* macht (unicus, «einzigartig»), sie mit einem solchen *glamour* umgibt. *Design, designen, designer* – das sind die Zauberworte, die sich mit der Magie der Mode verbinden. Und wissen Sie, was die strahlende, interessante Welt des modischen *glamours* mit der scheinbar düsteren, öden Welt der lateinischen Grammatik verbindet? Das Ursprungswort: *Glamour* ist ursprünglich *grammar*. Beides wurde zur «Magie» in einer Zeit, als nur wenige der grammatica des Lateinischen kundig waren und ihre Beherrschung wie ein «Zauber» anmutete. Kein *joke* (iocus, «Witz»)!

All die talentierten Modedesigner entwerfen zweimal im Jahr ihre *collection* (col-ligere, ppp collectus, «zusammen-suchen») und stellen sie auf viel beachteten *presentations* (praesens, «gegenwärtig») in Paris, Mailand und Düsseldorf vor. Und Tausende junger Frauen streben nichts sehnlicher an, als diese *stylischen* Fummel auf dem *catwalk* (catta, «Katze») mit relativ komischen Schritten vorführen zu dürfen und so in die Welt der *models* aufzusteigen. Für *models* gilt sprachlich: Jeder hat mal groß angefangen. Ursprungswort ist der modus, die «Art und Weise», die auch der «Mode» ihren Namen gegeben hat. Dieser modus wurde zu modulus verkleinert, und dieser modulus wurde ein zweites Mal zu modellus verkleinert. Was in aller Welt bringt hübsche junge Damen dazu, sich so klein zu machen? Allenfalls wohl die Aussicht, als *supermodel* wieder an alte Größe anknüpfen zu können (super, «über», «über ... hinaus»).

Vom Glitzer-*flair* der internationalen Modewelt leben auch, das zeigen ihre Auslagen und Schaufenstersprüche, die *fashion stores* (staurum, ml, «Lager») in der *city* und selbst in der Provinz. Sie werben mit *life style* und *new season* (satio, «Saatzeit»), ab und zu mit *occasions* (occasio, «Gelegenheit»), wenn die alte *collection* raus muss, und haben *offers* für jeden *taste*, von *peppig* bis *poppig*, von *classic* bis *casual*. Der *taste* geht auf taxare, «abschätzen», zurück, *casual* auf casus, den «Zufall», und classicus betrifft ursprünglich die «Flotte», classis, allgemeiner aber auch die «Bürgerklasse». Die römische Bürgerschaft – civitas, Sie denken an die *city* – war in Vermögensklassen eingeteilt. Die erste, angesehenste war die der vermögenden Bürger. Die Verengung der Bedeutung von classicus zu «mustergültig» vollzog sich über diese prima classis. Wer sich dort einreihen konnte, war ein «klassischer», ein «großartiger» Bürger. Das hatte mit Zufall nichts zu tun. Zwischen classis und casus lagen so gesehen ebenso Welten wie zwischen *classic* und *casual*. Bleibt nur zu hoffen, dass diese Zusammenhänge jedem bewusst sind, der *casual* und *classic wear* verkauft. Man weiß ja, wie lateinarm die Welt der *supermodels* und *superdesigner* ist – bis auf Jil Sander natürlich. Auf die lassen wir *Latin lovers* nichts kommen. Gar nichts.

Schafft einen Rent-A-Card-Service Point – und die Deutschen sind glücklich

Das Denglisch in unseren *cities* beschränkt sich beileibe nicht auf *beauty centers* und *design stores*. Andere halten wacker mit: Der eine mit einem *fruit shop*, der zweite mit einem *flower shop*, der dritte mit einer *travel agency*, der vierte mit einer *vinery*, der fünfte nennt seinen Laden *picture people* und hat auch «Silber *art*» im Angebot. Und überall lauern *discounter* auf uns und Kaufhäuser, die uns in ihren *customer care centers* umarmen wollen. Als wollten sie alle beweisen, dass ohne Latein nichts geht: *fruit* aus fructus, «Frucht», *flower* aus flora, «Blüte», *wine* aus vinum, «Wein», *art* aus ars, «Kunst», *travel* aus tripalium, ml, «Folterwerkzeug aus drei Pfählen», *agency* von agere, «handeln», *picture* von pingere, «malen». Der *discounter* «zieht» (dis-) beim «Zusammenrechnen» (com-putare) ordentlich was «ab» oder verspricht es jedenfalls und als willkommene, verwöhnte *customers* sollten wir, etymologisch korrekt, eine consuetudo, «Gewohnheit» daraus machen, uns öfter dort blicken zu lassen, wo man uns so lieb ins centrum, in den «Mittelpunkt», stellt.

«*Service*-Wüste Deutschland»? Wer hat sich das denn ausgedacht? Jedenfalls keiner, der mit offenen Augen durch unsere Innenstädte geht: Da will sich, scheint's, jeder zweite zu meinem Sklaven machen, indem er mir seinen *service* andient. Ob er weiß, was er aus historischer Sicht damit verspricht? Die Römer hätten nicht schlecht gestaunt: servitium ist der «Dienst», den der «Sklave» (servus) verrichtet.

Auch wenn es dem Eisenbahn-Minister Ramsauer nicht schmeckt, der im Jahre 2011 eine Anti-Denglisch-*battle* (battuere, ml, «schlagen») gegen die DB angezettelt hat, gibt es in den Bahnhöfen (wieso eigentlich nicht *stations*, von statio, «Haltestelle»?) noch die *famous* (famosus, «ruhmvoll») *service points*. Für Engländer sind sie eher gewöhnungsbedürftig (sie sprechen lieber vom *customer service desk*), aber die *point*-versessenen Deutschen fahren voll auf diesen *info service* ab – auch wenn er nicht selten mit langem *queueing* (cauda, «Schwanz») verbunden ist.

Eine neue Geschäftsidee: Man bietet Wartenden an, für sie eine Zeit lang gegen eine kleine *fee* (feudum, ml, «Lehen») in der Schlange zu stehen, und nennt dieses Angebot *queueing service*. Auch der Werbespruch steht schon: *Rent a queuer*. Damit fügt man sich nahtlos in den *rent-a-car-, rent-a-bike-* usw. *service* ein, der sich auf lateinisch red-dere, «zurück-geben», stützt.

An einen anderen Begriff anknüpfend, der zu den absoluten *favourites* (favere, «begünstigen») Denglisch-trunkener Deutscher zählt, könnte man zudem über die Ausgabe einer *queueing card* nachdenken. *Card* kommt immer gut – ob als Bahn*card*, *phone card, credit card,* Aral *card*, Sixt *card*, *art card, kulinaris card*, Oberbayern *card* oder, besonders bemerkenswert, als vom Land Hessen fürs Ehrenamt ausgegebene *e-card*. Den Latein-Vogel unter den *cards* schießt allerdings die Bundeshauptstadt Berlin mit dem *Latin triple* (triplus, «dreifach») *city tour card* ab (civitas; tornare, «drehen»). Gegenüber der griechisch-lateinischen charta hat die Denglisch-*card* freilich ihr Material verändert. War sie früher noch ein «Blatt Papyrus», so ist sie im Erdöl-Zeitalter zur *plastic card* mutiert.

Der neue Bußgang – Vom Copy Shop ins Scoozi

Wir wollen bei unseren Denglisch-Streifzügen durch die *city* die *culinary scene* (culina, «Küche»; scaena, «Bühne») nicht ganz übergehen, auch wenn sie sich als vergleichsweise resistent erweist. Immerhin stoßen wir auf *snack-* und andere *bars*, deren Ursprung auf die konstitutive Theke als «Barriere» (erschließbares barra, vl) zurückgeht. Auch der *grill room* wirkt nur auf den ersten Blick angelsächsisch-vornehm. Mit craticula, «kleiner Flechtenrost», ist der *grill* aber in Wirklichkeit lateinstämmig. Ebenso gehen 50 % der *happy hour* aufs Konto der alten Römer. Sie bezeichneten eine «Stunde» als hora. Eher im unteren Preis- und Qualitätssegment wird cultus, «Pflege», «Verehrung», als verkaufsfördernde Denglisch-Sprachmaßnahme namens *cult* geschätzt. Wir lesen vom *bagel cult*, vom *curry cult* oder vom *pizza cult* und wünschen viel Spaß bei der Verehrung dieser kulinarischen *delights* (delectare, «erfreuen)!

Der Panorama *Tower* (turris, «Turm») in Leipzig wirbt für «kulinarische Höhenflüge» mit dem Motto *plate of art*. Die deutsche Übersetzung wird mitgeliefert: «Kunst auf dem Tisch». Na ja. Aber uns geht's ja vornehmlich um Latein. Und das ist hier – zumal in einer früher sehr Latein-ablehnenden Umgebung – nachgerade vorbildhaft präsent: Die mittellateinische plata ist eine «Metallplatte», die auch dem griechischen *platýs*, «flach», «platt» (ein echtes Lehnwort!), einiges verdankt, ars ist, wer wüsste es nicht, die «Kunst». Auf einen geradezu ingeniösen Sprach-*mix* (miscere, «mischen») sind wir in einem italienischen Restaurant in Bochum und in Darmstadt gestoßen. Es nennt sich *scoozi* – die englische Lautschrift für das italienische *scusi*. Kennen wir doch. Heißt «Verzeihung». Aber nur, weil die Römer excusare als Ausdruck für das «Entschuldigen» ersonnen haben.

Viele dieser Denglisch-Läden – und nicht nur sie! – bevorzugen mittlerweile auch die englische Sprache, um uns mitzuteilen, ob sie offen sind oder geschlossen haben. «Offen» ist Vergangenheit, *open* ist Gegenwart, «geschlossen» ist langweilig, *closed* ist aufregend. Welches wir bevorzugen? Eindeutig *closed*, und zwar nicht nur, weil es mit clausum, «geschlossen», lateinische Wurzeln hat.

Und was sehen wir da, schon ein bisschen vom *city center* entfernt, am Schluss unseres denglateinischen Bummels? Einen *copy shop*! Der verdankt seine Bezeichnung der copia, «Fülle». Unwillkürlich müssen wir an *copy and paste* denken, ein beliebtes Arbeitsverfahren zur Herstellung mehr oder weniger kluger Texte, im vorwissenschaftlichen Raum voll angekommen, im wissenschaftlichen Ambiente allerdings noch nicht ganz so akzeptiert. Mit *paste* können wir zwanglos ans italienische Restaurant anknüpfen: Die mittellateinische pasta ist ein «Teig», den man gelegentlich auch als «Klebemasse» zweckentfremden konnte. *Copy and paste*, «kopieren und kleben», wird damit zu einer Methode, die zumindest sprachlich durch ihren lateinischen Ursprung nobilitiert wird. Sodass das harte Wort vom «Plagiat» doch ein bisschen abgemildert werden sollte. Wir schlagen als denglischen Ersatzbegriff *fake* vor. Das kommt vermutlich von lateinisch factum, «gemacht», und bezeichnet folglich ein «Machwerk».

Summary – *Latein in der Pole Position der Sprachen-Rallye*

Es ist oft gesagt worden, und man kann es gar nicht oft genug sagen: Latein ist und bleibt die Basissprache Europas. Der Denglisch-*test* (testa, «Scherbe», «Schale» für Experimente) beweist es erneut. Hätten Sie gedacht, dass in der alten Römer-Sprache so viel *pep* (piper, «Pfeffer») und *power* (potentia, «Fähigkeit», Macht») stecken, dass sie selbst das so «angesagte», so *stylish* (stilus, «Stil») sich dünkende Anglo-Deutsch prägt?

Wir wollen ja die englische Sprache in ihrer Bedeutung gar nicht *downgraden* (gradus, «Schritt») oder sie gar als *recyceltes* Latein schmähen (re-, «zurück»; cyclus, gLw, «Kreis») – auch wenn wir *Latin lovers* von Jil Sanders *public* (publicus, «öffentlich») nicht nur Streicheleinheiten bekommen und wir uns manchmal von allzu rabiaten Englisch-*fans* (fanaticus, «schwärmerisch») geradezu *gemobbt* fühlen (mobilis, «beweglich»). Aber eines können wir doch mal ganz *relaxt* (re-laxare, «wieder-lockern») feststellen: Die Denglisch-*challenge* (calumnia, «Rechtsverdrehung») hat das Lateinische glanzvoll bestanden. Wenn es noch eines *arguliners* bedurft hätte – hier ist er! (Szenewort, Abkürzung für Argumentationsleitfaden; arguere, «darlegen», «klarstellen»; linea, «Linie»)

Latein – das ist der *champion* (campio, «Kämpfer», von campus, «Schlachtfeld»), der sich beim sprachlichen *charity event* als ausgesprochen großzügig erweist (caritas, «Nächstenliebe»; eventus, «Ereignis»). Latein in der Schule *outsourcen* (surgere, «sich erheben», «entspringen»)? Von wegen! Noch niemals haben in Deutschland so viele Schüler Latein gelernt wie heute – und sich damit die entscheidende Basis für Englisch und Denglisch erarbeitet. Das ist mehr als ein *revival* (re-, «zurück»; vivere, «leben»), weit mehr als ein Achtungserfolg in der curricularen *competition* (com-petere, «gemeinsam anstreben»). Die *message* (missaticum, «das Geschickte»), die auch von diesem Buch ausgeht, heißt schlicht: In der Sprachen-*rally* (re+alligare, «wieder anbinden»; Etymologie unsicher) steht Latein nach wie vor auf der *pole position* (palus, «Pfahl»; positio, «Stellung»).

Daher unser *advice* (ad+visum, «gemäß dem Gesehenen», «für gut Befundenen»): *Delete* Denglisch, *join the Latin community* (delere, «tilgen», «zerstören»; iungere, «verbinden»; Latinus, «lateinisch»; communitas, «Gemeinschaft»)!

Special – *Fünf Stories aus dem alten Rom*

Wer wie der Verfasser dieses Büchleins Themen der Alten Geschichte einem größeren Publikum (publicus, «öffentlich») zu vermitteln bemüht ist, der darf nicht mit dem *consent* (consentire, «zustimmen») der Althistoriker-*community* (communitas, «Gemeinschaft») rechnen – erst recht nicht, wenn er hier und da geläufige Anglizismen wie *sponsoring, reality-TV* oder *face-to-face-society* in seine Darstellung einfließen lässt (spondere, «geloben», «versprechen»; realis, «wirklich»; facies, «Gesicht»; societas, «Gemeinschaft»). Das gilt als methodisch fragwürdige Aktualisierung, und zwar immer gleich als «ungehemmte». Da tut es mal richtig gut, ja ist es ein wahres *delight* (delectare, «erfreuen»), ach was, da ist es *joy* pur (gaudium, «Freude»), wenn man ein paar althistorische *essays* über Caesar und Co. *producen* kann (exagium, vl, «Gewicht», «Probe»; pro-ducere, «hervor-bringen»), die der *message* (missaticum, «Geschicktes») des Buches entsprechend mit ganz viel Denglisch-*junk* (vermutlich von iuncus, «Binse») vollgestopft sind. Muss man die Leserinnen und Leser eigens *briefen* (brevis, «kurz»), dass bei solchen feuilletonistischen Ausflügen die *limits* an-, aus- oder irgendwie anders *getestet* werden und hier und da auch mal der ironische Bogen überspannt wird (limes, «Grenze»; testa, «Scherbe», «Gefäß für Versuche»)?

Wer ab und zu die Stirn runzelt, weil ihm die eine oder andere Denglatein-*evidence* zu bemüht erscheint (evidentia, «Klarheit»,

«Sichtbarkeit»), dem riefen wir gern ein *«sorry!»* zu – wenn sich das mit unserem *concern* vertrüge (concernere, ml, «vermischen»). Der sieht aber nur die Berücksichtigung lateinstämmiger Denglisch-Begriffe vor. Und deswegen können wir Sie nur darum bitten, unserer *selection* (se-ligere, «unterscheiden», «aussuchen») als verständnisvoller *rater* (reri, ppp ratus, «glauben», «rechnen») mit augenzwinkernder *large-mindedness* (largus, «reichhaltig») und gebührendem *sense of humour* (sensus, «Sinn»; humor, «Flüssigkeit») zu begegnen. Es sei denn, Sie zählen zu den *hardcore-members* der Zunft (cor, «Herz»; membrum, «Glied»). Dann sollten Sie wenigstens *remembern* (rememorari, «sich erinnern»), dass es die Römer gewesen sind, die die Satire erfunden haben.

Caesar und die Seeräuber – Ein Survival Training mit unerwartetem Return

Ein *spleen* (splen, gLw, «Milz» als Sitz von Gemütskrankheiten) war es keineswegs, dass sich der ehrgeizige Nachwuchspolitiker C. Iulius Caesar beim berühmten Redner Apollonios Molon einem rhetorischen *tutorial* (tutor, «Vormund», «Beschützer») unterziehen wollte. Das entsprach durchaus dem *current* (currere, «laufen») seiner Zeit. Rhetorik-*training* (trahere, «ziehen», «erziehen») – das war der richtige *approach* (appropiare, «sich nähern»), dazu hätte jeder *career service* geraten (carraria via, «Weg für Wagen»; servitium, «Dienst»). Dass er aber mitten im Winter, in dem die Seefahrt normalerweise ruhte, ein Schiff *charterte* (charta, gLw, «Papier»), um nach Rhodos zu reisen, war nicht gerade Ausweis von *common sense* (communis, «gemeinsam»; sensus, «Gefühl»).

Es ging eher schon in Richtung *adventure trip* (adventura, «Dinge, die kommen werden», von ad-venire). Nicht wenige hielten Menschen, die sich den gefährlichen Winterstürmen in der Ägäis aussetzten, für lebensmüde. Es waren ja keine riesigen *cruiseliner* (crux, «Kreuz»; linea, «Linie») oder maritime *people mover* (populus, «Volk»; movere, «bewegen»), sondern kleine *cargo ships* mit überschaubarer *crew* (carricare, «ein Fahrzeug beladen»; accrescere, «anwachsen»), die schnell einmal zum Spielball der Wellen wurden. So eine *journey* (diurnare, «sich aufhalten», von diurnus, «täglich») war von munterem *joyriding* (gaudium, «Freude») weit entfernt.

Caesar hatte einige Sklaven und enge Freunde mit an Bord genommen, aber von echter *security* (securitas, «Sicherheit») konnte keine Rede sein. Prompt ging die Sache schief. Die Bildungsreise schlug urplötzlich in einen *horror trip* (horror, «Schrecken») um, als Seeräuber das Schiff vor der kleinasiatischen Küste in ihre Gewalt brachten. Piraten gehörten dort seit langer Zeit zur regionalen *crime scene* (crimen, «Verbrechen»; scaena, «Bühne»). Das *controlling* (contra+rotulus, «gegen das Register») durch die römische Flotte war zu lasch; und wenn ein Statthalter mal ordentlich *pressure* ausübte (premere, ppp pressus, «drücken»), entwichen die Piraten vorübergehend in den Kommandobereich eines anderen. *Cooperation* (cooperatio, «Mitwirkung») war nicht die starke Seite der römischen Provinzialverwaltung; die *solution* (solvere, ppp solutus, «lösen») des Problems wurde erst ein paar Jahre später durch ein umfassendes Kommando für Pompejus erzielt.

Die ganze *action* (agere, «handeln») vollzog sich offenbar wie im *movie* (movere, «bewegen»). Die Seeräuber erkannten schnell, dass sie da eine lukrative Beute in Händen hielten: viel zu wertvoll für den Sklavenmarkt, eher zum *Abcashen* (capsa, «Behälter») von Lösegeld geeignet. Allerdings gab es damals noch keine offiziellen *documents* wie *identity cards* (documentum, «Beweis»; idem, «derselbe»; charta, «Papier») – und deshalb entging den Seeräubern zunächst, dass sie da mit dem Spross einer der großen römischen Adelsfamilien einen *VIP gecatcht* hatten (vere, «wirklich»; importare, «hineinbringen», «Eindruck machen»; persona, «Person»; captare/capere, «fangen»). Es war Caesar selbst, der die Lösegeldforderung von 20 Talenten lachend ablehnte – und seinen *value* (valere, «kräftig sein») in der ihm eigenen *self-confidence* (confidere, «vertrauen») auf 50 Talente *upgradete* (gradus, «Schritt») – so, als wäre das Ganze ein *charity event* (caritas, «Liebe», «Wohlwollen»; eventus, «Ereignis») und nicht ein potentiell tödlicher *stress test* (distringere, «in Anspruch nehmen»; testa, «Scherbe», «Schale»).

Es ist nicht weiter überraschend, dass es auf dieser Basis rasch zu einem *agreement* (gratus, «dankbar», «angenehm») zwischen den Piraten und Caesar kam. Sie nahmen seine *offer* nur zu gern an (of-ferre, «entgegen-tragen», «anbieten») und er schickte seine Begleiter an Land, um die Lösegeldsumme zu *ordern* (ordinare, «regeln», und ordiri, «anfangen», beides fußend auf ordo, «Ordnung»). Für derartige *fees* (feudum, ml, «Lehen», vielleicht über ein germanisches Wort ins Lateinische gelangt) gab es damals keine *insurance companies* (securus, «sicher»; companio, aus com+panio, einer, «mit» dem man sein «Brot» isst). Man brauchte gute private *connections* (con-nectere, «zusammen-knüpfen»), um soviel *money* (moneta, «Münze») *collecten* (colligere, ppp collectus, «sammeln») zu können – für den Angehörigen einer *gens Iulia* allerdings *no problem* (problema, gLw, «gestellte Aufgabe», «Problem»).

Die Wartezeit – wie sich herausstellen sollte: 38 Tage – hätte wohl jeder andere als *ultimate risk* an der Grenze zum *survival training* eingestuft (ultimus, «der letzte»; resecare, «zurückschneiden», resectum, ml, der vom Festland «abgeschnittene» Felsen; supervivere, «über-leben»; trahere, «(er)ziehen»). Nicht so Caesar. Er nahm das Ganze geradezu als *amusement* (mussari, «brummen», ml musum, «Schnauze», «Maul») und ließ die Piraten nach seiner

Pfeife tanzen. Wollte er schlafen, so befahl er ihnen, ruhig zu sein. Er schrieb Gedichte und Reden, las sie ihnen vor und herrschte sie an, wenn der *applause* (applaudere, «Beifall klatschen») nicht stimmte. Man hätte meinen können, Caesar habe eine Art von *edutainment* bei kulturellen *underachievern implementen* wollen (educare, «erziehen»; inter-tenere, «unter-halten»; caput, «Kopf»; im-plere, «ein-füllen»).

An einem *promise* (promittere, «versprechen») ließ er allerdings keinen Zweifel: Wenn er wieder in Freiheit sei, werde er eine gnadenlose *chase* (wohl von captare, «packen») auf sie eröffnen und sie am Ende alle aufknüpfen lassen. Die Seeräuber ließen den «Großsprecher» gewähren und sahen in ihm einen unterhaltsamen *clown* (colonus, «Bauer»), der allen Beteiligten die Zeit des Wartens verkürzte. Keiner von ihnen nahm Caesars *message* (missaticum, von mittere, «schicken») ernst.

Ein *capital error*, wie sich bald nach seiner Freilassung herausstellen sollte (caput, «Kopf»; error, «Irrtum»). Denn da machte Caesar aus der vermeintlichen *fiction* eine *fact story* (fingere, «erdichten»; facere, ppp factum, «tun»; historia, gLw, «Geschichte»), indem er – als Privatmann ohne amtliche Befugnisse! – ein paar schnelle Schiffe *charterte* (charta, «Papier») und mit einer privaten *task force* (tasca, «Steuer»; fortis, «stark») hinter seinen Peinigern herjagte. Seine *investigation* (investigare, «aufspüren») war erfolgreich. Caesar legte damals einen schier unglaublichen Beweis seiner *efficiency* (efficere, «bewirken») hin, so dass er das *final* (finire, «beenden») des Duells zwischen ihm und den Piraten klar für sich entscheiden konnte.

Da sich der zuständige Statthalter als ziemlich hartleibig in Sachen *cooperation* erwies, ließ Caesar die festgesetzten Piraten auf eigene Faust ans Kreuz schlagen: Die Aussage, die sie für einen *joke* (iocus, «Scherz») gehalten hatten, erwies sich als absolut *correct* (corrigere, ppp correctus, «berichtigen») …

Für den bis dahin unbekannten Caesar war dieses Krisen-*management* (manus, «Hand»), darin sind sich unsere *sources* (surgere, «sich erheben») einig, ein *big point* (punctum, «Gestochenes», «Punkt»). Er hatte geradezu ein *masterpiece* (magister, «Leiter»; petia, ml, «Stück») in Sachen *power* und *efficiency* abgeliefert – ein *hardliner*, für den beim Umgang mit einer *emercency ‚delay'* ein Fremdwort war (linea; emergere, «auftauchen»; dilatare, «ausweiten», «verschieben»).
Die Seeräuber-*affair* (ad+facere, «an etwas tun») brachte ihm jede Menge *credit points* in der *public opinion* ein (credere, «vertrauen»; punctum; publicus, «öffentlich»; opinio, «Meinung»). Der *ROI-factor* der ganzen Angelegenheit war enorm (*return on investment*; re-tornare, «zurück-drehen»; in-vestire, «ein-kleiden»; factor, «Macher»): Das Lösegeld stellte sich am Ende als *advance payment* heraus (ab+ante, «von»+«vorher»; pax, «Frieden»), bei dem sich das eingesetzte Fremd-*capital* mit *excessive interest rates* für ihn rentierte (caput, «Hauptsumme» in Abgrenzung zu Zinsen; ex-cedere, «hinaus-gehen»; inter-esse, «dazwischen sein», «teilnehmen»; rata, «festgesetzte» Summe).

Wie das, mag da manch einer *surprised* fragen (super+prehendere, «über-greifen»). Ganz *simply* (simplex, «einfach»): Mit größter Selbstverständlichkeit hatte Caesar alles Wertvolle, was er bei den Seeräubern fand, als eine Art Schmerzensgeld für sich genommen.

Hatten ihn die Piraten schon in der Zeit seiner Gefangenschaft mehr als *customer* (consuetudo, «Gewohnheit») denn als Gefangenen behandelt, so lässt sich das ebenso blutige wie lukrative Nachspiel in ökonomischen *terms* (terminus, «Grenze») auf den Punkt bringen: *Customer satisfaction guaranteed* (satisfacere, «genugtun»).

Sklaven-Power dank Spartacus – Eine Emergency Case Study

Die *data basis* (datum, «gegeben»; basis, gLw, «Grundlage») unserer *study* (studium, «Bemühung») sind die einschlägigen *pages* (pagina, «Seite») des Historikers Florus, der seinerseits den Bericht des Livius *gecovert* hat (cooperire, «bedecken»). Bei seiner Darstellung steht nicht der *suspense* im *focus* (suspensus, «schwebend»; focus, «Herd»), sondern das blanke Entsetzen, dass es soweit kommen konnte.

Ein Sklavenkrieg! *Second class people* (secundus, «zweiter»; classis, «Klasse»; populus, «Volk») im Aufstand! Das war *DoS* in etymologischer Reinkultur, *denial of service* (denegare, «verweigern»; servitium, «Sklavendienst»). Ein Verstoß gegen *law and order* (ordo, «Ordnung»), wie er schlimmer nicht sein konnte – der *worst case* (casus, «Fall») eines inneren Konflikts, kein *transient trouble* (trans-ire, «vorüber-gehen»; turba, «Verwirrung»), sondern eine *emergency* (emergere, «auftauchen»), die den ganzen römischen Staat an den *brink of ruin* (ruina, «Zusammenbruch») brachte.

Es waren gut ausgebildete Gladiatoren, die im Jahre 73 v. Chr. ihren *escape* (ex capa, «aus dem Mantel») aus der Fechterschule des Lentulus in Capua *organizten* (organum, gLw, «Werkzeug») und etwas demonstrierten, was man mit dem *contemporary* denglischen *bad taste* (contemporaneus, «gleichzeitig»; taxare, «einschätzen») als Sklaven-*power* bezeichnen könnte (potentia, «Macht») – weil ja alles, was sich ein bisschen mehr bewegt als das tatsächlich oder vermeintlich Normale, gern mit dem Zusatz *‚power' upgestylt* zu werden pflegt (stilus, «Schreibgriffel», «Stil»).

Vom *point of view* (punctum, «das Gestochene», «Punkt»; videre, «sehen») der Sklavenhalter hatte damals das *monitoring* total versagt (monere, «ermahnen, «warnen»), hatte sich das *human engineering* (humanus, «menschlich»; ingenium, «Begabung») der Sklavenhalter nicht gerade als *fail-safe* erwiesen (fallere, «täuschen»; salvus, «wohlbehalten», «sicher»). Von wegen *due diligence* (debere, «schulden»; diligentia, «Sorgfalt») – die Bewacher der ausgebrochenen Sklaven und ihre Auftraggeber hatten eklatant gegen ihre *duties* verstoßen (debita, «die geschuldeten Dinge», ppp von debere). Niemals hätte es zu diesem gigantischen *damage* (damnare, «verurteilen») für das ganze System kommen dürfen!

Eines war indes unmittelbar nach dem *incident* klar (in-cidere, «hinein-fallen»): Es galt das Prinzip der *zero tolerance* (zephyrum, ml, Lw aus dem Arabischen, «Null»; tolerare, «ertragen»). Mit aufständischen Sklaven waren *peace negotiations* (pax, «Frieden»; negotiatio, «Handel») absolut tabu. Das war ein *case of conflict* (casus; confligere, ppp conflictus, «zusammenstoßen»), der nur mit Gewalt zu lösen war. Wenn überhaupt, dann waren nur negative *emotions* im Spiel (emotio, «Gefühl»). Mit ihrem Aufstand hatten die Sklaven einen *point of no return* erreicht (punctum; re-tornare, «zurück-drechseln»). *Round-table*-Gespräche (rotundus, «rund»; tabula, «Tisch») oder ähnliche Methoden einer auf *de-escalation* (de+scalae, «hinunter von der Treppe») abzielende *interaction* (inter-agere, «handeln zwischen») kamen nicht infrage. Die Sklaven wollten Krieg, also sollten sie Krieg haben. Rom mobilisierte seine *army* (arma, «Waffen»).

Bei realistischer Betrachtung waren die Erfolgsaussichten des Aufstandes auf die Kurzformel «*No chance*!» zu bringen (cadere, «fallen»; cadentia, «das Zufallende»). Sklaven, zumal aufbegehrende Sklaven, waren unter den *conditions* (condicio, «Bedingung») der damaligen Zeit mit ihrem riesigen *surplus* (super+plus, «über das Mehr hinaus») an Unfreien eine *no future generation* (futurus, «zukünftig»; generatio, «Zeugung», «Generation»). Und hätten die Aufständischen vorher eine *feasibility study* gemacht (facilis, «machbar»; studium), so hätte eine *evaluation* (evalescere, «stark werden», «imstande sein») im Vorhinein dringend dazu geraten, ihren Plan zu *canceln* (cancellare, «gitterförmig durchstreichen»). Aber das war natürlich keine echte *option* (optare, «wünschen»), denn der Ausbruch aus der Gladiatorenkaserne als Ausgangspunkt des Krieges war allem Anschein nach eine spontane Aktion.

Es waren anfangs nur ein paar Dutzend Aufständische, die geflohen waren und sich nun durchschlagen mussten. Welche konkreten *expectations* (exspectare, «erwarten») sie mit der Flucht verbanden, ist nicht zu erkennen. Eines aber musste jedermann klar sein: In Sachen Kampf waren sie *professionals* wie wenige andere (profiteri, ppp professus, «sich bekennen»). Das war ihre *core competence* (cor, «Herz»; competitio, «Übereinkunft», «Mitbewerbung»), und die würden sie, solange es ging, *usen* (uti, ppp usus, «gebrauchen»).

Die Nachricht von dem erfolgreichen Ausbruch der Gladiatoren scheint sich in Windeseile herumgesprochen zu haben. Jedenfalls bekamen sie binnen kurzer Zeit einen gewaltigen *support* (supportare, «herbeischaffen», «unterstützen»). Auf 10 000 schwoll die Zahl der Aufständischen an und dieser enorme *increment* (incrementum, «Zuwachs») ging rasant weiter. *Meeting place* (platea, gLw, «Platz») für alle Unterdrückten, die im Namen der *liberty* (libertas, «Freiheit») zusammenströmten, war zunächst der Vesuv. An dessen Fuß hatten die illegalen *armed forces* (armare, «bewaffnen»; fortis, «stark») ihr *camp* (campus, «Feld») aufgeschlagen. Ob die Anhänger des Spartacus aktives *recruiting* betrieben (re-crescere, «wieder wachsen») oder der Anfangserfolg als solcher ausgesprochen *attractive* (attrahere, «anziehen») wirkte, lässt sich nicht sagen. Höchst unwahrscheinlich ist indes, dass sich besitzlose Freie dem Aufstand angeschlossen haben. Ein derartiges soziales *joint venture* (iungere, «verbinden»; adventura, «Dinge, die im Begriff sind zu kommen») wird zwar von einigen modernen Historikern vermutet, ist aber in den Quellen nicht belegt. Eine tragfähige *compatibility* der Interessen beider Gruppen ist kaum zu *realizen*, sodass wir diesen konstruierten *merger* ausschließen möchten (com+pati, «zusammen dulden»; Grundwort realis, «als sachlich annehmen»; mergere, «tauchen», «versenken»).

Für die Römer waren diese Sklaven mit ihrem *chief* (caput, «Kopf») Spartacus ein verachtenswerter *mob* (mobilis, «beweglich»), der sich da in einer unerhörten Weise zusammengerottet hatte. Man nahm ihn zunächst als Ärgernis wahr, das mit der Entsendung der Truppen bald erledigt sein werde. Das sollte sich als *fatal error* herausstellen (fatalis, «schicksalhaft», «verhängnisvoll»; error, «Irrtum») – spätestens als das erste römische Heer von den Sklaven besiegt und mehrere kampanische *cities* (civitas, «Bürgerschaft») von ihnen erobert und geplündert worden waren. Das *routing* (rupta via, durch ein Gebiet «gebrochene Straße») der unfreien Soldateska stellte die römischen *authorities* (auctoritas, «Autorität») vor erhebliche Probleme: Es war unberechenbar und drohte, sich eines Tages sogar gegen die Hauptstadt zu richten. Wer anfangs geglaubt hatte, man brauche nur kurz auf die militärische *delete*-Taste zu drücken (delere, «zerstören»), um dem Spuk ein Ende zu machen, sah sich zu einem dramatischen *change of mind* genötigt (*mind*, englisches Wort, urverwandt mit mens, «Gesinnung»; cambium, ml, «Wechsel»). Nachdem die Sklaven mehrere römische Heere überwältigt hatten, war ganz Italien in *XXL-suspense* (*extremely large*; extremus, «äußerster», largus, «reichlich»; suspensus, «schwebend»).

Worin lag das *mystery* (mysterium, gLw, «Geheimnis») des völlig unerwarteten Erfolges der Sklaven? Unterschätzung, Schlamperei und Unfähigkeit auf der Gegenseite? Sicher auch. Aber man darf auch die überragende *quality* (qualitas, «Beschaffenheit») ihres Anführers Spartacus dabei nicht übersehen. Ohne ihn hätten es die Sklaven nicht vermocht, den Römern so lange die Stirn zu bieten. Er muss ein *multi-tasking talent* gewesen sein (multi, «viele»; tasca/taxa, «Steuer»; talentum, gLw, große Gewichtseinheit) – eine so bunt zusammengewürfelte «Horde» so lange Zeit erfolgreich zu führen und einigermaßen zu disziplinieren, ein *supervisor* im wahrsten Sinne des Wortes (super+videre, «über-blicken»), einer, der alles im Blick und im Griff hatte. Sicher, er konnte sich auf ein *advisory board* stützen (ad+videre, «zu-sehen»), dessen wichtigste *members* (membrum, «Glied») Krixos und Oinomaos waren, aber er blieb wohl stets der eigentliche *decision maker* (decidere, «abschneiden», «ein Abkommen treffen»). Dabei scheint er einerseits klare grundsätzliche *rules* (regula, «Regel») aufgestellt, andererseits über eine hohe Flexibilität bei *case-by-case*-Entscheidungen (casus, «Fall») verfügt zu haben. Seine *social competence* muss weit *beyond average* gelegen haben (socialis, «gesellig»; competere, «zugleich erstreben»; *average* vielleicht von habere, «haben», «halten», mit Bedeutungsverschiebung: einen Verlust gleichmäßig aufteilen).

Dabei war er mitunter in erschreckend-abstoßender Weise *creative* (creare, «erschaffen») – etwa wenn er zur Ehrung gefallener Anführer bei der Leichenfeier römische Gefangene als Gladiatoren am Grab kämpfen ließ. Man könnte von *funeral entertainment* sprechen (funus, «Begräbnis»; inter-tenere, «unterhalten») – wenn der Begriff nicht eine Erfindung von uns wäre. «Ein Gladiator als Veranstalter von Gladiatorenspielen!» – unser Chronist Florus wirkt richtig *furious* (furiosus, «voll Wut») angesichts dieser «Perversion».

Wenn so etwas der Ehrung eines Sklavenführers und wohl auch als *incentive* (incinere, «anstimmen») für die Stärkung des *team spirit* (spiritus, «Geist») in der Truppe gedacht war, so bringt das ein eklatantes Defizit des ganzen Unternehmens auf den Punkt: Weder Spartacus noch seine Mitstreiter hatten ein programmatisches *concept* (con-cipere, ppp conceptus, «zusammenfassen») oder so etwas wie einen überlegten *disaster recovery plan* (latein. Vorsilbe dis, «nicht»; *astron*, griech. Wort, «Stern»; recuperare, «wiedererlangen»; planus, «flach», «eben»). Von der *vision* (videre, «sehen») einer gerechteren Weltordnung ohne Sklaverei waren sie weit entfernt.

Dafür sollte man indes nicht gerade die Entrechteten vor die *jury* (iurare, «schwören») des historischen Weltgerichts zitieren. Den *claim* (clamare, «rufen») auf diese *intellectual property* (intellegere, «erkennen»; proprius, «allein gehörig») hätte man eher von denen erwarten können oder müssen, die über ein deutlich größeres Maß an *education* (educare, «erziehen») und ein höheres Freizeit-*budget* (bulga, «Ledersack») verfügten.

Man wird es Spartacus auch kaum vorwerfen können, dass er sich keine Mühe gegeben hat, das *rebellion project* zu *gendern* (rebellio, «Aufstand»; pro-icere, ppp proiectus, «vor-werfen», hinwerfen; genus, «Geschlecht»). Zum einen gehörten solche Aspekte damals nicht gerade zu den *essentials* (essentia, «Wesen einer Sache»), zum anderen wäre das mangels Masse gar nicht möglich gewesen. Der Anteil von Frauen in dieser kriegskommunistischen Männerwelt aufständischer Sklaven war, um es als *understatement* (statuere, «festsetzen») zu formulieren, ausgesprochen *reduced* (re-ducere, «zurück-führen»). Hier muss sich die *political correctness – what a pity!* – der *reality* geschlagen geben (politicus, gLw, «zum Staat gehörig»; correctus, «richtig»; pietas, «Ergebenheit»; realis, «sachlich»).

Aber auch für ein mögliches Ende der Erhebung scheint Spartacus keine *solution* (solvere, «lösen») entwickelt zu haben: die einzig realistische *exit strategy* (exitus, «Ausgang»; strategus, gLw, «Heerführer») hätte darin bestanden, Italien zu verlassen und die Sklaven in ihre jeweiligen *native countries* ziehen zu lassen (natus, «geboren»; contrada, ml, eine Region, die «entgegen» liegt; Grundwort contra, «gegen»). Solche Pläne scheint es zeitweise gegeben zu haben; sie wurden aber *gecancelt* (cancellare, «gitterförmig durchstreichen»).

So waren zwar nach rund zwei Jahren die *results* (re-sultare, «zurück-springen») im Kampf mit den Römern bei vordergründiger Betrachtung beachtlich, aber die *durability* (durare, «dauern») des Unternehmens «Aufruhr» stand doch sehr in Frage. Mehr als ihren unbedingten *survival*-Willen (super-vivere, «über-leben») hatten die Rebellen nicht in der *pipeline* (pipa, «Pfeife»; linea, «Linie»). Kein Wunder also, als es spätestens im Frühjahr 71 v. Chr. zum *turning point* der Erhebung kam (tornare, «drehen»; punctum, «Gestochenes», «Punkt»). Erst erlitt Krixos mit einem Teil des Sklavenheeres eine schwere Niederlage am Monte Gargano in Süditalien, dann konnten auch Crassus und seine Legionäre nach erbittertem Kampf mit dem von Spartacus befehligten Teil der Rebellen das lang ersehnte *victory*-Zeichen machen (victoria, «Sieg») – bzw. hätten es machen können, wenn es bei den Römern schon bekannt gewesen wäre …

Die Sklaven konnten keine Milde und Nachsicht erwarten. Sie kämpften heroisch, aber auf verlorenem Posten. Das galt in besonderer Weise für ihren Anführer Spartacus. Die *comments* (commentari, «überdenken», «niederschreiben») des Florus *appreciaten* (appretiare, «zu einem Preis schätzen») sein Verhalten und seine Haltung ausdrücklich: «Spartacus selbst kämpfte mit großem Mut in vorderster Reihe und fiel wie ein Feldherr» – ein *praise* (pretium, «Preis»), der geradezu an die virtus («Tüchtigkeit») eines vir vere Romanus («richtigen Römers») erinnert.

Der letzte Akt des «Sklavenkrieges» war eine ziemlich eigenwillige römische Interpretation von *containment policy* (con-tinere, «zusammen-halten», «in Schranken halten»; politia, gLw, «Staatsverwaltung»): Als Ausdruck von *revenge* (re-vindicare, «wieder bestrafen», «rächen») und Abschreckung stellten die Römer längs der Via Appia 6000 Kreuze auf. An jedem von ihnen wurde ein Sklave aufgehängt, der die militärischen Kämpfe überlebt hatte.

Nero on Tour – Eine Summary seiner künstlerischen Activities

Qualis artifex pereo, «welch ein Künstler geht mit mir zugrunde!» sollen nach Cassius Dio Neros letzte Worte gewesen sein. Sueton, der Biograph des Kaisers, stellt es etwas anders dar. Immer wieder soll sich Nero bei den Vorbereitungen zu seinem Tode mit diesem Ausspruch in Erinnerung gerufen haben, welch herber Verlust der Welt bevorstehe. Wie auch immer – Neros einschlägiges *commitment* (committere, «sich verpflichten») ist durch harte, ja belastbare facts (factum, «Tat», «Geschehen») gesichert. Sie werden vor allem durch Suetons Nero-Vita *gefeatured* – ein etymologischer Glücksfall, dass sich auch das *feature* von factura, «Bearbeitung», ableitet, sodass sich biographische facta und literarische facta wunderbar kombinieren lassen. Bei unserer folgenden *outline* (linea, «Linie», «Kontur») stützen wir uns auf die *summary* (summa, «Gesamtheit») von Neros künstlerischen *activities* (agere, «handeln»), die Sueton in den Kapiteln 20 bis 25 gibt.

An einem lässt Sueton keinen Zweifel: Nero war ein absoluter artistischer *borderliner* (bordura, «Grenze», ml, aus dem Germanischen (!) übernommen; linea, «Linie»). Irgendeinen *public demand* (publicus, «öffentlich»; demandare, «beauftragen») nach einem Künstler-Kaiser gab es weit und breit nicht. Im Gegenteil. Zum *code of conduct* (codex, «Verzeichnis»; con-ducere, «zusammenführen», «zuträglich sein») römischer *royals* (regalis, «königlich») gehörte Neros *profiling* wahrhaftig nicht (filum, «Faden»; italienisch *profilare*, «umreißen»). Ein *entertainer* auf dem Kaiserthron, einer, der die Leute «unter-hält» (inter-tenere)? Das ging voll am *approval* (approbare, «billigen») des politischen und gesellschaftlichen *establishments* vorbei (stabilire, «fest machen»).

Was wiederum Nero ziemlich egal war. Der wollte unbedingt als *actor* (agere, «tun») die *stage* erobern (staticum, von stare, «stehen»), genauer gesagt als Kitharöde, d. h. Sänger, der sich selbst auf der Kithara begleitete. Die *pop stars* dieser *music* (popularis, «volkstümlich»; musica, gLw, «Musik») lud er an den Hof ein und bemühte sich, von ihnen zu lernen. Trotz aller *efforts* (fortis, «stark») blieb seine *voice* (vox, «Stimme») «schwach und dumpf» (Sueton).

Gleichwohl brannte Nero darauf, endlich *in public* (publicus, «öffentlich») zu gehen. Seine erste *appearance* (apparere, «erscheinen») in Neapel war ganz ordentlich, das Erdbeben, von dem das Theater während seines *concerts* (concertare, «wetteifern») erschüttert wurde, sorgte nur bei den anderen für *bad vibrations* (vibrare, «schwingen»); auf Neros *act* (agere, «tun») hatte es keinen *impact* (im-pingere, ppp impactus, «ein-schlagen», «gegen etwas stoßen»). Das blieb auch bei späteren Auftritten so. Richtig *safe* (salvus, «gesund») war es für Neros *audience* (audire, «zuhören») selten. Wenn Nero sang, war es verboten, das Theater zu verlassen – *closed doors* (claudere, «schließen»), hatte der Kaiser *announcen* lassen (an-nuntiare, «ankündigen») – und so brachten angeblich Frauen sogar Kinder im Theater auf die Welt. Manche Leute sollen sich tot gestellt haben, um sich hinaustragen zu lassen. In summa: Das *security concept* (securus, «sicher»; con-cipere, ppp conceptus, «zusammen-fassen») bei Neros Auftritten war nicht gerade *sensitive* (sentire, «fühlen»).

Obwohl die *response* (respondere, «antworten») der *audience* nicht schlecht war, entschied sich Nero, den *support* (supportare, «herbeibringen») noch ein bisschen anzukurbeln: Er charterte (chartula, «kleines Stück Papier») kurzerhand mehr als 5000 Miet-*fans* (fanaticus, «schwärmerisch»), die bei jedem seiner *stage appearances* unter der Leitung erfahrener *cheer-leaders* (cara, ml, «Gesicht», «Miene») für Applaus unterschiedlicher Art sorgten: «Summen, Klatschen mit hohler oder flacher Hand». Das Ganze natürlich gegen *cash* (capsa, «Kästchen») – die *cheer-leaders* (Sueton nennt sie duces, «Anführer») steckten nicht weniger als 400 000 Sesterze ein. Zum Vergleich: Der Tagesverdienst eines Lohnarbeiters lag bei ungefähr sechs Sesterzen. Ein tragfähiges *concept*, das man *«rent a fan»* nennen könnte. Wobei das englische *to rent* ebenso von der Hoffnung lebt wie die deutsche «Rendite» und die «Rente»: Alle drei Wörter basieren auf red-dere, «zurück-geben».

Neros Miet-Claqueure waren übrigens einem strengen *dress code* unterworfen, für den es ebenso unmissverständliche Direktiven gab («pomadisiertes Haar und exquisite Garderobe», damit ihre Herkunft als Plebejer nicht auffiel) wie für die Etymologie von *to dress*. Dahinter verbirgt sich ein vom Vulgärlatein erschließbares directiare, «anordnen», das auf directus, «gerade», «direkt», zurückgeht.

Nero war *ambitious* ohne Ende (ambitio, «Ehrgeiz»), und deshalb standen bald auch Auftritte in der Hauptstadt an. Der Kaiser als *local hero* (locus, «Ort»; heros, gLw, «Held») des *public viewing* (publicus, «öffentlich»; videre, «schauen») könnte man sagen, wäre *public viewing* nicht ein ziemlich peinlicher Schein-Anglizismus. Im Amerikanischen bedeutet *public viewing* die öffentliche Aufbahrung verstorbener Prominenter. So schlimm war das, was Nero da in Rom *performte* (performare, «einer Sache durch und durch Gestalt geben») nun doch nicht, dass man es in die Nähe eines *funerals* (funus, «Begräbnis») rücken dürfte …

Obwohl es manchmal schon ganz arg an die *limits* (limes, «Grenze») von *patience* (pati, «ertragen») und *taste* ging (taxare, «abschätzen») – besonders dann, wenn Nero eine seiner berüchtigten *nonstop-performances* hinlegte: Als Niobe beispielsweise «sang er in einem fort bis fast zur zehnten Stunde» (Sueton). Bei *nonstop*-Auftritten hat die Aufführungszeit gewissermaßen kein Leck: stuppa ist «Hanf», «Werg», mit dem schon römische Klempner undichte Leitungen dicht machten oder eben «stopften». Stopp, stopfen, Stöpsel – sie alle gehen auf diese *stuppa* zurück oder, um ehrlich zu bleiben, auf das griechische *styppé*, von dem die Römer ihre stuppa entlehnten.

Neben seiner *stage activity* hatte Nero eine zweite große Leidenschaft: Wagenrennen. Er war wie so viele Römer ein echter Circus-*maniac* (mania, gLw, «Wahnsinn»). Als Knabe spielte er mit Viergespannen aus Elfenbein, als heranwachsender Prinz ließ er keine Gelegenheit aus, bei Wagenrennen in der Umgebung Roms zuzuschauen, wobei das *strictly confidential* war (strictus, «straff»; confidere, «vertrauen») und er *undercover* dort hinging (cooperire, «bedecken»). Es dauerte aber nicht lange, da drängte Nero selbst in den Sulky. Nach einigen *tests* (testa, «Scherbe», «Schale», in der die Alchimisten ihre Versuche machten) in den kaiserlichen Parks stellte er sich dann der ultimativen *challenge*: Einer echten *competition* (competere, «gleichzeitig etwas erstreben») im Circus Maximus. Ob er dabei schon auf die *celebrities* (celeber, «berühmt») der Wagenrenn-*scene* (scaena, «Bühne») stieß und die *pace* (passus, «Schritt») halten konnte, dafür gibt es keine *evidence* (evidens, «sichtbar»). Der erste Auftritt scheint aber kein *failure* (fallere, «täuschen») gewesen zu sein; immerhin hatte er sich im *training* offenbar ganz *fit* gemacht.

«Fit» und *«training»* sind schon ältere Anglizismen, entstammen aber wie so vieles neumodische Denglisch auch dem Latei-

nischen. Der *trainer* ist einer, der «zieht» und «erzieht» (trahere), und «fit gemacht» ist etymologisch bei Licht betrachtet eine Tautologie, stammt *fit* doch von factus («gemacht») ab oder ist jedenfalls damit urverwandt. Bleibt noch die *challenge* zu klären. Die englische «Herausforderung» geht auf eine lateinische calumnia zurück, eine «Verleumdung», «falsche Anschuldigung», «Rechtsverdrehung». Und mit der fertig zu werden kann ja durchaus zu einer Herausforderung werden. Um nicht zu sagen: zu einer *challenge*.

Zurück zu Nero. Mit dem wohl halbwegs geglückten *pretest* (prae, «vor», testa) im Rücken steckte er sich noch höhere Ziele. In der *Champions League* (campio, ml, «Krieger», von campus, «Schlachtfeld»; ligare, «verbinden») der Wagenlenker und Sänger spielte nach seiner Meinung nur mit, wer im Mutterland von Sport und Kultur mindestens einmal *«Victory!»* hatte rufen können (victoria, «Sieg»): In Hellas. Vermutlich haben seine *spin doctors* (docere, «lehren») ihn in diesem Augenblick für total *abgespaced* gehalten (spatium, «Raum», «Abstand») und ihm dringend abgeraten, aber seine *decision* stand fest (decisio, «Abkommen», «Entscheidung»). Also hieß es *traveln* (aus *travail* gebildet, «sich anstrengen», zurückgehend auf tripalium, «drei Pfähle», ein Folterinstrument), und zwar mit der *destination* Olympia (destinare, «bestimmen»).

Einmal *on tour* (tornus, «Dreheisen», das sich ebenso wie der Tourist zu seinem Ausgangspunkt «zurück wendet»), ließ Nero alle bedeutenden *events* (evenire, «geschehen») des griechischen Festkalenders in das Jahr seiner Hellas-*voyage* legen (viaticum, «Reisegeld») – auch wenn das den ganzen *schedule* (schedula, «kleines Stück Papyrus») durcheinander brachte und dem auf *compliance* (complere, «erfüllen») erpichten *festival management* nicht passte (festus, «festlich»; *manager* ist einer, der etwas «handhabt»; vgl. manus, «Hand»). Die einzigen, von denen Nero echt *trouble* (turba, «Verwirrung») befürchtete, waren die *referees* (se referre, «sich an eine Autorität zur Entscheidung wenden»). Sie versuchte er, mit Liebenswürdigkeit und Ehrerbietung für sich zu *commiten* (committere, «verpflichten») – und wenn das keine *response* hatte (respondere, «antworten»), dann auch ordentlich *money* in die Hand zu nehmen, um sie zu «überzeugen».

Mit dem *money* hat es eine eigentümliche kulturhistorische Bewandtnis. Auf dem Capitol in Rom stand neben dem bedeutendsten Heiligtum der Hauptstadt, dem Tempel des Iupiter Optimus Maximus, auch ein Heiligtum von dessen Frau Iuno. Genauer gesagt, der Iuno Moneta, der «Mahnerin» (monere, «ermahnen»). In diesem Tempel war die Münze des römischen Staates untergebracht; hier wurden eine Zeit lang Münzen geprägt. Und deshalb wurde moneta im Lateinischen gleichbedeutend mit «Geld» – was dann ins Italienische (*moneta*), Französische (*monnaie*), ins Deutsche («Moneten») und nicht zuletzt ins Englische (*money*) übernommen wurde.

Trotzdem wurde die Hellas-Tournee nicht gerade zur *success story* (successus, «guter Fortgang», «Erfolg»; historia, gLw, «Geschichte»). Olympia erwies sich als unglückliche *location* (locus, «Ort») für Nero, weil er beim Wagenrennen eher als *underperformer* (per-formare, «durch-gestalten») auffiel. Oder, genauer gesagt, abfiel, und zwar im eigentlichen Sinne des Wortes: nämlich vom Wagen. Der *special effect* (specialis, «besonders»; effectus, «Wirkung») mit einem Zehngespann verpuffte jämmerlich, als Nero aus dem Wagen geschleudert wurde, mühselig wieder hineingehievt werden musste – und trotzdem beim *finish* (finire, «beenden») schlapp machte. Seine *exit strategy* (exitus, «Ausgang»; strategus, gLw, «Heerführer») war eine Spur zu *funky* (fumus, «Rauch»), um seiner *credibility* (credere, «glauben», «vertrauen») nicht abträglich zu sein: Obwohl er das Ziel nicht erreichte, rief er sich selbst zum *champ* (campus, «Schlachtfeld») aus.

Immerhin, die Griechen *supporteten* Neros *vanity* (vanitas, «Eitelkeit») und fochten die *gefakte victory* nicht an (factus, «gemacht»; unsichere Etymologie). Selbst die *referees* scheinen Neros neue *rules* (regula, «Regel») akzeptiert zu haben. Was Nero ihnen mit einem *extra class sponsoring* vergalt (extra, «außerhalb»; classis, «Klasse»; spondere, «geloben»): Anlässlich eines anderen *festivals*, der Isthmischen Spiele in Korinth – ebenfalls ein *megaevent* in Hellas (*mégas*, griechisches Wort, «groß») – verkündete er für die ganze Provinz Achaia, also die klassische griechische *area* (area, «Platz», «ebener Raum»), die Freiheit. *Liberty* (libertas, «Freiheit») war ein uralter hellenischer *issue* (ex-ire, «heraus-gehen»). Kein Wunder also, dass Nero bei vielen Griechen geradezu einen *cult status* erreichte (cultus, «Verehrung»; status, «Stand»).

Mit zahlreichen *trophies* (tropaeum, gLw, «Siegeszeichen») im Gepäck kehrte Nero schließlich nach Rom zurück. Dort *promotete* (pro-movere, «vorwärts bewegen») er sich und seinen *success* als sein eigener *art director* (ars, «Kunst»; dirigere, «lenken») in Gestalt eines Triumphzuges, der in die *charts* (charta, «Papier») dieser klassisch-römischen *jubilee festivals* (iubilare, «laut lärmen») eingehen sollte. Die einzige *message* (missaticum, von mittere, «schicken») dieser gigantischen Schau hieß: Nero, der *superstar* (super, «darüber») in *art* und *entertainment*.

Schade nur, dass die Nachwelt das nicht so recht *appreciated* hat (appretiare, «schätzen»). Als *pop icon* wird Nero in der Historiker-*community* noch deutlich zu wenig wahrgenommen (popularis, «volkstümlich»; icon, gLw, «Bild»; communitas, «Gemeinschaft»). Mindestens für Guido Knopps *histotainment* (historia, gLw, «Geschichte»; inter-tenere, «unter-halten») eine *super challenge* (super, «über … hinaus»; calumnia, «Rechtsverdrehung»)!

Lucullus – CEO der römischen Luxury Industry

Würde man heutzutage einen *survey* (super-videre, «über-blicken») über die bekanntesten Römer machen, dann dürfte dieses *rating* (reri, ppp ratus, «glauben») Lucullus auf einen der vordersten Plätze *pushen* (pulsare, «stoßen»). «Lukullische Genüsse» und «lukullische Spezialitäten» sind den meisten Menschen vertraut; sie wissen Lucullus als Vater des kulinarischen *delight* (delectare, «erfreuen») richtig zu verorten.

Einen nicht unerheblichen *surprise factor* (super prehendere, «über-packen»; factor, «Macher») kann man aber erzielen, wenn man der *audience* (audire, «zuhören») *communicatet* (communicare, «gemeinsam machen, «eine Mitteilung machen»), dass Lucullus in seinem «ersten Leben» ein sehr erfolgreicher Feldherr war, der seine *army* (arma, «Waffen») als erster Römer über das Tarsos-Gebirge in Kleinasien geführt und eine militärische *career* (carraria via, «eine Straße für Fahrzeuge», carri) absolviert hat, die eine hohe *compatibility* (com-pati, «gemeinsam ertragen») mit der traditionellen territorialen *acquisition policy* aufwies (acquirere, «dazu erwerben»; politia, gLw, «Staatsverwaltung»).

Als er nach Rom zurückkehrte, stießen seine Erfolge im Osten beim Senat auf *disapproval* (dis-approbare, «entfernt, weg» + «zustimmen») und seine politischen Gegner waren bemüht, ihn nach allen Regeln der Kunst zu *mobben* (mobilis, «beweglich» – wie die Volksmasse). Lucullus wählte den *emergency exit* aus der Politik (e-mergere, «sich herausarbeiten»; exitus, «Ausgang»): Er stieg dort aus und gab sich ein völlig neues *image* (imago, «Bild») als *king of pleasure* (placere, «gefallen») und *enjoyment* (gaudium, «Freude»). Er folgte damit, so das *statement* (statuere, «festsetzen») seines Biographen Plutarch, dem philosophischen *concept* (con-cipere, ppp conceptus, «zusammen-fassen», «begreifen») des Hedonismus-*chairman* Epikur (cathedra, «Sitz»). Der *change* (cambiare, «wechseln») seiner *identity* (idem, «derselbe»; identitas, «Wesenseinheit») war so *complete* (completus, «gefüllt») und *convincing* (convincere, «überzeugen»), dass man ihn heute als *virtual CEO* der altrömischen *luxury industry* hoch*voten* kann (virtus, «Mannhaftigkeit», «Qualität», daher *virtual*, «so gut wie»; *CEO: chief executive officer*, caput, «Kopf»; ex-sequi, «aus-führen», officium, «Pflicht»; luxuria, «Üppigkeit», «Schwelgerei»; industria, «Fleiß»; votum, «Wunsch»).

Vom *army general* (genus, «Geschlecht»; generalis, «allgemein») zum *hero* (heros, gLw, «Held») des *candlelight dinner* (candela, «Kerze»; dis+ieiunare, «nicht fasten») – diese Anti-Karriere stieß in Rom nicht nur auf Verständnis. Von *political correctness* (politicus, gLw, «zum Staat gehörig»; correctus, «berichtigt», «richtig») war das weit entfernt; auch die *social responsibility* (socius, «Gefährte», «Mitmensch»; respondere, «antworten», «entsprechen») dieses Verhaltens stellten nicht wenige Kritiker in Frage. Unter sie reiht sich auch Plutarch ein, ein griechischer Autor des 1. und frühen 2. Jahrhunderts, dessen Lucullus-Biographie wir im Folgenden *usen* werden (uti, ppp usus, «gebrauchen»). Plutarch lässt keinen Zweifel daran, dass es in Lucullus' Vita wie in einer altattischen *comedy* (comoedia, gLw, «Komödie») zugegangen sei: «Man liest im ersten Teil von politischen und kriegerischen Begebenheiten und am Ende von Trinkgelagen, Schmausereien und schwärmerischen Umzügen mit Fackelbeleuchtung» (39, 1). Fehlt nur noch ein *«Damned!»* als *final comment* (damnare, «verurteilen», «verfluchen»; finire, «beenden»; commentari, «überdenken»)!

Klar war, dass Lucullus es sich als bekennender luxuriosus mit allen mehr oder minder überzeugten *austerity*-Jüngern (austerus, «streng», «herb») und *representatives* (repraesentare, «vergegenwärtigen») des aristokratischen Verhaltenskodex verdorben hatte. Der wesentliche *point of conflict* (punctum, «Gestochenes», «Punkt»; confligere, «zusammen-stoßen») bestand darin, dass er all das öffentlich und offensiv betrieb, was bei vielen Angehörigen der *high society* (societas, «Gesellschaft») unter *top secret* lief (secernere, ppp secretus, «trennen», «absondern»). Dass Lucullus sich mit seinem ehrlichen Bekenntnis zum luxuriösen *life style* (stilus, «Schreibgriffel») zum *multiplier designte* (multiplicare, «vervielfachen»; designare, «bestimmen») – das fanden die meisten seiner Standesgenossen wenig *charming* (carmen, «verzaubernder Gesang»).

Ab und zu ein *escape* (ex capa, «aus dem Mantel») zum *relaxen* (relaxare, «wieder lockern») auf einem kultivierten Landgut mit allen *benefits* (benefactum, «Wohltat») einer *rural privacy* (rus, «Land»; privatus, «privat») – das war o.k. (wohl Verballhornung von *all correct*; correctus, «richtig»). Aber doch solche «Ausnahmen» bitte nicht zur *fashion* (factura, «Machen») *upgraden* (gradus, «Schritt»)! Das stellte die *reliability* (religare, «festbinden») der traditionellen mos-maiorum(«Sitte der Vorväter»)-*philosophy* (philosophia, gLw, «Weisheitsliebe») heftig infrage – mit dem entsprechenden *danger potential* für die *credibility* der *upper class* (*danger* zunächst «absolute Macht», basierend auf dominium, «Macht», «Autorität»; potentia, «Macht»; credere, «vertrauen»; classis, «Vermögensklasse»).

Aus heutiger Sicht war Lucullus der Ehrlichere, weil er den weit verbreiteten *contemporary spirit* (contemporaneus, «gleichzeitig»; spiritus, «Atem», «Geist») verkörperte und *promotete* (promovere, «nach vorn bewegen») – in seiner Isoliertheit fast so eine Art *SPOC* für luxuria-Interessierte (*single point of contact;* singulus, «einzeln», «allein»; punctum; contactus, «Berührung»).

Aus der Vielfalt der Luxus-*offers* (of-ferre, «entgegen-bringen», «anbieten») beschränken wir uns auf die beiden, die Lucullus von seinen Kritikern in besonderer Weise «zur Last gelegt» worden sind. Da ist zum einen sein Hang zum Wohn-Luxus. Er erwarb oder baute vorzugsweise in Kampanien, der *holiday destination number 1* (destinare, «bestimmen»; numerus, «Zahl») der römischen Oberschicht, zahlreiche exquisite *properties* (proprietas, «Eigentum») – angesichts vieler Interessenten ein geradezu risikoloses *investment* (investire, «bekleiden»), in dem sein *capital* (caput, «Hauptmasse» gegenüber den Zinsen) bestens angelegt war. Wegen der hervorragenden klimatischen Bedingungen *boomte* (bombus, gLw, «lautes Geräusch») dort die Bauindustrie. Lucius Sergius Orata hatte dort und anderswo jede Menge *money* (moneta, «Geld») mit der Luxus-Sanierung älterer Gutshäuser gemacht, indem er sie mit allen *facilities* (facere, «machen»; facilis, «machbar»), besonders mit Unterbodenheizungen der *advanced technology* jener Jahrzehnte (ab, «weg» + ante, «vor», also: «weg nach vorn»; *techné*, griech. Wort, «Handwerk»; *lógos*, griech. Wort, «Wort», «Lehre»), *durchstylte* (stilus, «Griffel», «Schreibweise») und sie dann *all inclusive* (inclusus, «eingeschlossen») mit gewaltigem *profit* (profectus, «Wachstum», «Vorteil») weiterverkaufte.

Einer seiner besten *clients* (cliens, «Gefolgsmann», «Klient») dürfte Lucullus gewesen sein. Der hatte wie die meisten seiner Standesgenossen eine *preference* (prae-ferre, «vor-ziehen») für spektakuläre *sites* (situs, «Lage»): *waterfront villas* (frons, «Stirn»; villa, «Landhaus») oder, noch besser, auf künstlichen Aufschüttungen im Meer erbaute Wohnpaläste. Die *real estates* (realis, Adjektiv zu res, «Sache»; status, «Stand», «Zustand») waren umso wertvoller, je näher sie an einem Edel-*resort* wie Baiae lagen (re-sortiri, «wieder-erlangen»), das dank seiner *spas* absolut *famous* war (sanus per aquam, «gesund durch Wasser»; famosus, «ruhmreich»). Lucullus' *acquisition policy* war in Sachen *quality* (qualitas, «Beschaffenheit») kompromisslos: Es zählte allein die *price-performance-ratio*;

mit *nice-price*-Angeboten im *substandard*-Segment brauchte ihm keiner seiner Immobilien-*agents* zu kommen (pretium, «Preis»; performatio, «Durchformung»; ratio, «Rechnung»; *nice* wohl von nescius, «nicht wissend»; sub, «unter»; *standard* vielleicht von extendere, «aus-strecken»; agere, «handeln»).

In Rom bewohnte Lucullus einen *palace* (palatium, «der Hügel Palatin», auf dem die Kaiserpaläste lagen) mit riesigem Park. Diese horti Luculliani («Gärten des Lucull») bedeckten fast den gesamten Pincio mitsamt den Abhängen zum Marsfeld hin und trugen nicht wenig zum luxuriösen *life style* und *glamour* ihres Eigentümers bei.

Für *glamour* müssen wir unsere Lucullus-*story* (historia, gLw, «Geschichte») für einen *moment* unterbrechen (momentum, «Bewegung», «Augenblick»). Damit dürfte sich nämlich für manche Leserinnen und Leser eine etymologische Überraschung verbinden. *Glamour* geht tatsächlich auf *grammar* zurück, und das ist die gute alte grammatica. Wie sich die Zeiten doch ändern: Früher galt einmal derjenige als glamouröser «Zauberer», der die ars grammatica, die «Grammatik», beherrschte!

Mit Blick auf seine riesigen Kunst- und Bücher-*collections* (colligere, ppp collectus, «sammeln») könnte man Lucullus als permanenten *collector in residence* bezeichnen (residere, «sitzen»). Bücher *turnten* ihn geradezu an (tornare, «drechseln», «runden»). Seine Bibliotheken ließ er ununterbrochen mit *new releases* und teuren *editions* von *classics replenishen* (relaxare, «wieder lockern»; e-ditio, «Aus-gabe»; classicus, «klassisch»; re+plenus, «wieder voll»). Diese Bibliotheken standen allen Wissenschaftlern und Literaten für *visits* offen (visitare, «besuchen») – eine *open-access-policy* (ac-cedere, «heran-gehen»), die Lucullus' guten Ruf in der Intellektuellenszene begründete. Seine *hospitality* (hospes, «Gastfreund») war ohne *limits* (limes, «Grenze»); für die *user* seiner Bibliotheken stellte er sogar *apartments* bereit (ad partem, «zur Seite», d.h. «abgetrennt»). Er schaltete sich gern persönlich in *discussions* (dis-cutere, «auseinander-schlagen») mit seinen Gästen ein; unter ihnen waren griechische Größen des Geisteslebens seine besonderen *favourites* (favere, «gewogen sein»).

Es wird daher der historischen *reality* (res, «Sachverhalt») nicht gerecht, wenn man Lucullus hauptsächlich als führendes *member* (membrum, «Glied») der römischen *snobiety* wahrnimmt (*snob* mit unklarer Etymologie; als Zusammenziehung von sine nobilitate, «ohne Adel», unwahrscheinlich; societas, «Gesellschaft») und sein Haus als *headquarters* (quartarius, «vierter Teil», «Viertel») einer *fun generation* (generare, «zeugen»; generatio, «Generation»). Dieses einseitige *image* (imago, «Bild») ist nur bedingt ein *result* (re-sultare, «zurück-springen», «widerhallen») der Zeichnung durch seinen Biographen: Plutarch *confirmt* (confirmare, «bekräftigen») ausdrücklich, dass «Lucullus jede wissenschaftliche Tätigkeit schätzte und mit einer jeden vertraut war» (42).

Diese Klarstellung bedeutet nicht, dass Lucullus nicht auch ein legendärer Gourmet gewesen wäre, der die römische Edelfresswelle in entscheidender Weise *angepowert* hat (potentia, «Macht»). Man kann ihm durchaus eine *obsession* (obsessio, «Belagerung») für kulinarische *delights* attestieren. Er gehörte zu jener Fraktion wohlhabender Römer, die in allen Ländern und Meeren nach erlesenen Leckerbissen *searchen* ließen (circare, «herumgehen») und die römische Küche auf einen *level* (libella, «kleine Waage») brachten, der dem der *global cuisine* (globus, «Kugel»; coquina, «Küche») der modernen Welt durchaus vergleichbar ist.

Die *dine-and-wine-parties* Lucullls waren legendär (dis+ieiunare, «ent-nüchtern»; vinum, «Wein»; pars, «Teil», «Gruppe von Leuten»). Oft wurden sie zu langen *night sessions* (sessio, «Sitzung») ausgedehnt und durch *entertainment* (inter-tenere, «unter-halten») unterschiedlicher Art einschließlich *recitals* (recitare, «vortragen») bekannter Künstler *aufgepeppt* (piper, «Pfeffer»). Dazu standen einem steinreichen Mann wie Lucullus sowohl im *entertainment-* wie im *service*-Bereich (servitium, «Sklavendienst») fast unbegrenzt *human resources* zur Verfügung (humanus, «menschlich»; re-surgere, «wieder aufstehen»). Für die tägliche *deli-delivery* (*deli* aus dem deutschen «Delikatessen» ins Englische gelangt, jetzt als denglische Abkürzung zurück ins Deutsche; zugrunde liegt delectare, «erfreuen»; deliberare, «durch Lieferung frei machen») sorgte eine gut funktionierende *supply chain* (supplere, «nachfüllen»; catena, «Kette»), wobei, wie schon antike Kritiker anmerkten, beim *exploit* (explicare, «durchführen», «zustande bringen») von *Mother Nature* (natura, «Natur») der *sustainability issue* nicht gerade im Vordergrund stand (sustinere, «aufrecht erhalten»; ex-ire, «heraus-gehen»): a natura luxuria descivit, kritisiert Seneca, «die Genusssucht hat sich von der Natur losgesagt», indem «ihr tiefer und unersättlicher Schlund bald die Meere, bald die Länder (nach Leckerbissen) durchsucht» (ep. 90, 19; 89, 22).

Die *total costs* (totus, «ganz»; constare, «kosten») eines einzigen *dinners* bei Lucullus lagen nicht selten im sechsstelligen Sesterzen-Bereich – selbst dann, wenn seine Gäste das gar nicht wollten. In seinem Lucullus-*report* (re-portare, «zurück-bringen») erzählt Plutarch die Anekdote, wie Lucullus Cicero und Pompeius einmal *ausgetrickst* hat (tricae, «Ränke»). Die beiden, gute Freunde des Lucullus, trafen ihn einst auf dem Forum und kündigten ihren *visit* (visitare, «besuchen») an. Er solle sich aber beim Essen keinerlei Umstände machen, sondern ihnen nur das ohnehin vorgesehene *menu* servieren lassen. Da *menu* aus minutum, «klein», hervorgegangen ist, lagen die beiden mit ihrer ausdrücklichen Bitte um ein kulinarisches *non-event* (non, «nicht»; eventus, «Ausgang», «Ereignis») ohne ihr Wissen etymologisch voll im Denglisch-Trend.

Aber wer einen *Mister Delight* (magister, «Leiter», «Lehrer»; delectare, «erfreuen») zum *understatement* (statuere, «festsetzen») *forcen* will (fortis, «stark»), benötigt ein deutlich besseres *planning* (planus, «eben», «flach»). Lucullus brauchte nur einem Sklaven «Apollo» als *dinner-location* (locus, «Ort») zuzurufen, und das ganze *kitchen personnel* (coquina, «Küche»; persona, «Person») war *gebrieft* (brevis, «kurz»): Das Apollo-Triclinium, einer von mehreren Speisesälen in Lucullus' Haus, hatte ein *minimum spending limit* (minimus, «kleinster»; dis-pendere oder ex-pendere, «ausgeben»; limes, «Grenze») von 50 000 Sesterzen. Cicero und Pompeius staunten nicht schlecht, wie ihnen da scheinbar ohne Vorbereitung ein opulentes *menu just in time* (iustus, «gerecht», «richtig») serviert wurde.

Was bleibt von Lucullus? Deutlich mehr als von seinen antiken Kritikern: Lucullus gilt noch heute als *anchorman* (ancora, glw «Anker») des kulinarischen *delights*. Wer mit seinem Namen einschließlich des Adjektivs «lukullisch» einen solchen *eternity value* erzielt hat (aeternus, «ewig»; valere, «wert sein»), den darf man getrost als memorialen *outperformer raten* (performare, «durch-und-durch-formen»; reri, ppp ratus, «rechnen», «meinen»). Und wenn das jemandem noch nicht reicht für Lucullis *entry* (in-trare, «ein-treten») in die kulinarische *hall of fame* (fama, «Ruhm»)? Dann können wir dessen Zweifel endgültig mit der *info* (informare, «in eine Form bringen», «darstellen») *deleten* (delere, «tilgen»), dass wir Lucullus die Einführung einer nicht unwichtigen Frucht in Süd- und Mitteleuropa verdanken: Aus dem Schwarzmeergebiet brachte er die *cherry* nach Italien mit (cerasum, «Kirsche»). *Just delicious* (deliciae, «üppiger Genuss»)!

Sex Appeal versus Moral Correctness – Wie Cato sich einmal Standing Ovations verdiente

Das wäre, hätte es damals schon *newspapers* gegeben (papyrus, «Papier»), *die cover story* auf der *front page* gewesen (cooperire, «bedecken»; historia, gLw, «Geschichte»; frons, «Stirn»; pagina, «Seite»): Die *appearance* (apperere, «erscheinen») des Jüngeren Cato, seines Zeichens stoischer Philosoph und berühmt-berüchtigter *hardliner* (linea, «Linie») in Sachen Moral, bei den Floralia des Jahres 55 v. Chr. Cato war für seine *directness* (directus, «geradeaus») bekannt, die Floralia aber auch für die ihre – nur konnte nicht einmal von einem Minimum an *compatibility* (con+pati, «miteinander erdulden») bei der inhaltlichen Füllung dieser *directness* die Rede sein. Catos besonderes *commitment* (se committere, «sich verpflichten») galt der Moral, während das *festival* (festus, «festlich») der Blüten- und Fruchtbarkeitsgöttin einem *amusement* diente, das *sex action* durchaus einschloss (mussari, «brummen»; sexus, «Geschlecht»; actio, «Handlung»). Kurz gesagt: *minimal consent* zwischen Cato und Flora (minimus, «der kleinste»; consentire, «übereinstimmen»).

Catos *attendance* (attendere, «Acht geben», «aufmerksam sein») war an sich schon bemerkenswert, weil die aufgeführten Theaterstücke nicht gerade jugendfrei waren – obwohl da auch *parents* (parentes, «Eltern») mit ihren – allerdings schon herangewachsenen – Kindern saßen und das Ganze, für heutige Verhältnisse gewöhnungsbedürftig, als *family entertainment* galt (familia, «Familie»; inter-tenere, «unter-halten»). Eigentlich, so erregten sich später christliche Kirchenväter, hätte schon das Theater mit seinen anzüglichen *comedies* und schlüpfrigen *sketches* (comoedia, gLw, «Komödie»; schedius, gLw, «in Eile gemacht») eine *off-limits-area* mindestens für Frauen, noch nicht «gefestigte» Jugendliche und alle *fans* von *good taste* gewesen sein müssen (limes, «Grenze»; area, «Fläche»; fanaticus, «schwärmerisch»; taxare, «schätzen»).

Das galt erst recht für das folgende Programm. Die wenig zimperlichen Theaterstücke waren nur ein *appetizer* (appetere, «hinstreben») für die *performance* (per-formare, «durch-und-durch-gestalten»), die das *final* (finire, «beenden») der Floralia darstellte und als *promise* des *ultimate pleasure promotet* wurde (promittere, «versprechen»; ultimus, «der äußerste»; placere, «gefallen»; pro-movere, «voran-bewegen»). Das war der Auftritt von Huren auf der *stage* (staticum, «Standfläche»; von stare, «stehen»). Die *modelten* dort gewissermaßen sich selbst, gaben ihre *fees* und *special skills* bekannt (modus, «Art und Weise»; feudum, ml, «Lehen»; specialis, «besonders») – indem sie in einem *fancy dress* oder *erotic outfit posen* durften, sollte man meinen (phantasia, gLw, «Gedanke», «Einfall»; directus, «geradeaus»; *Eros*, griech. Liebesgott; factura, «Machart»; ponere, «stellen», zusammen mit ml. pausare, «innehalten»). *Error* (error, «Irrtum»)! Das abschließende *special* der Floralia war eine Nackedei-*presentation* (praesentare, «gegenwärtig machen», «darstellen»). Die Prostituierten zogen sich vor den Augen der Zuschauer mit frivolen Bewegungen aus und legten einen *beauty contest* mit stärkstem *sex appeal* hin (bellitas, «Schönheit»; contestari, «als Zeugen anrufen»; sexus; appellare, «ansprechen»).

Klar, dass die Römer da vor dem Theater *queueten* (cauda, «Schwanz») und sich von einem regelrechten *fever* (febris, «Fieber») packen ließen, konnten sie ihre *expectations* (exspectare, «erwarten») doch realistischerweise darauf *focussen* (focus, «Herd», «Brennpunkt»), dass die Damen ihre *core competence* (cor, «Herz»; competere, «miteinander wetteifern») voll ausspielen würden – auch wenn nicht jede eine *peppige Miss Crispy* war (piper, «Pfeffer»; magistra, «Meisterin»; crispus, «kraus»). Klar aber auch, dass Cato in dieser *monster show* (monstrum, «Ungeheuer») ein absoluter moralischer *alien* war (alienus, «fremd») – und dass keiner Lust hatte, sich durch diesen ethischen *tranquillizer* die Laune verderben und total *abturnen* zu lassen (tranquillus, «ruhig»; tornare, «drehen»). Der Respekt vor dieser *moral celebrity* (mos, «Sitte»; celebritas, «Berühmtheit») war zu groß, als dass man zum *business as usual* auf diesem fragwürdigen Anstands-*level* hätte übergehen können (usus, «Gebrauch», «Gewohnheit»; libella, «kleine Waage»).

Das *festival management* entschied sich daher für einen *stop* (manus, «Hand»; stuppare, «stopfen»). Die *audience* (audire, «hören») wagte aus Scham nicht, das *sex spectacle* (sexus; spectaculum, «Schauspiel») einzufordern. Eine denkwürdige Situation: Jede Menge *emotions*, aber keine *motions* (movere, «bewegen»; emotio, «Gefühl»; motio, «Bewegung»). Es war, als hätte jemand eine virtuelle *eject*-Taste gedrückt (e-icere, «heraus-schleudern»).

Da erbarmte sich ein gewisser Favonius, ein guter Bekannter Catos, mit dem er zusammen saß. Er *briefte* den Anstands-*hero* (brevis, «kurz»; heros, gLw, «Held») und erklärte ihm, dass seine *attendance* aufgrund seiner offenkundigen *street credibility* wie ein *calm-down-signal* auf die übrige *audience* wirke (via strata, «gepflasterter Weg»; credibilitas, «Glaubwürdigkeit»; cauma, «Sonnenhitze», die zum Ruhen einlädt; signum, «Zeichen»).

Und was tat Cato in seiner unverwechselbaren *large-mindedness* (largus, «reichlich»; *mind*, engl. Wort, verwandt mit mens, «Sinn»)? Er erhob sich von seinem Platz, strebte dem *exit* zu (ex-itus, «Aus-gang») – und wurde mit tosenden *acclamations* des erleichterten Publikums hinausbegleitet (ac-clamare, «zurufen»). Wozu mancher andere einen «ordentlichen» militärischen Sieg brauchte, der aber wegen zu geringer Opferzahlen beim Feind nicht zu einem triumphus reichte, das erzielte Cato mit seinem *appeasement*-Opfer (ad pacem, «zum Frieden»), das man ein *gentlemen's agreement* zu nennen sich scheut, weil auf der Gegenseite in dieser Situation so wenige *gentlemen* standen: Er erntete *standing ovations* (gentilis, «aus demselben noblen Geschlecht»; ad gratum, «zum Gefallen»; ovatio, «Jubel», «kleiner Triumph»).

Sie halten das für *pulp fiction* (pulpa, «Fruchtfleisch»; fictio, «Erdichtung»), weil die Anekdote nicht so recht zum herkömmlichen Römer-*image* zu passen scheint (imago, «Bild»)? Mit dieser Einschätzung sind Sie wissensmäßig *offline* (linea, «Linie»). Denn Valerius Maximus, der die *story* (historia, gLw, «Geschichte») überliefert, ist, nur eine Generation jünger als Cato, eine verlässliche *source* (surgere, «entspringen»). Und auch der begnadete Spötter Martial setzt in der Einführung zu seinem ersten Epigramme-Buch die damalige *cooperation* Catos zur *trouble*-Vermeidung (co-operari, «zusammen-wirken»; turba, «Verwirrung») als bekannt voraus – nicht ohne Catos *glory* (gloria, «Ruhm») kräftig *downzuraten* (reri, ppp ratus, «meinen»):

«Obwohl du doch die liebliche Feier der scherzhaften Flora kanntest,
die festlichen Spiele und die Ausgelassenheit des Volkes,
warum bist du, gestrenger Cato, damals trotzdem ins Theater gegangen?
Oder warst du nur deshalb gekommen, um hinausgehen zu können?»

Register der lateinischen Begriffe

Register der englischen Begriffe

(Komplett in Klammern gesetzte Begriffe sind reines Denglisch)

Zum Autor

Prof. Dr. Karl-Wilhelm Weeber, geb. 1950, ist Professor für Alte Geschichte an der Universität Wuppertal sowie Lehrbeauftragter für die Didaktik der Alten Sprachen an der Ruhr-Universität Bochum. Bei Primus ist zuletzt von ihm erschienen: Musen am Telefon (2008), Ganz Rom in 7 Tagen (2008), Luxus im alten Rom, 2 Bde. (2009), Circus Maximus (2010), Pompeii und die römische Goldküste. Ein Zeitreiseführer in das Jahr 78 (2011).